クール・ジャパン!?
外国人が見たニッポン

鴻上尚史

講談社現代新書
2309

目　次

プロローグ――「クール・ジャパン」とはなにか？

「アイスコーヒー」の衝撃

二〇〇六年四月からＮＨＫのＢＳ放送で『ｃｏｏｌ ｊａｐａｎ』という番組の司会をするようになりました。ありがたいことに、番組はずっと続いて、一〇年目に突入しました。

番組では毎回テーマを決めて八人の外国人と一緒に話し合います。八人の外国人は、タレントではなく、学生や仕事で日本に来たり、夫と共に赴任した人たちです。

番組が始まった当初、「日本でこれはクール（かっこいい・優れている・素敵だ）と思ったものはなに？」と質問しました。

彼ら彼女らは、「**洗浄器付き便座**」「**ママチャリ**」「**アイスコーヒー**」と言いました。

司会をしていた僕は、まず「アイスコーヒー」に驚きました。「どうして『アイスコーヒー』がクールなの？」と素朴に訊くと、イタリア人が「私の国にはなくて、日本に来て初めて飲んで感動したから」と答えました。番組に出ていた他のヨーロッパ人やブラジル人、ロシア人がうなづきました。

彼ら彼女らは口々に「日本に来て、夏、暑い時にアイスコーヒーを飲んで、本当に美味《おい》しかった、自分の国ではどんなに暑くても、コーヒーはホットしかない」と言いました。

僕は本当に驚きました。

調べてみれば、「アイスコーヒー」は、どうも日本発のもののようでした。ただし、どこで、誰が始めたのかという学術的で歴史的な研究にはまだ出合っていません（どこかにあって欲しいものです）。大正時代とか明治の終わりからとか、いろいろな説があるようです。

ヨーロッパやブラジルの人たちがアイスコーヒーを発想しなかったのは、「コーヒーは香りを楽しむものだ」という絶対のルールがあるからです。冷たくしてしまうと、香りを楽しめなくなると思っているのです。

日本発の缶コーヒーがまだ世界に広く受け入れられてないのは、これが原因です。缶に入れたコーヒーにちゃんとした香りがあるわけがないと思われているのです。が、日本の技術力によって、やがて、世界が驚く芳醇な香りの缶コーヒーが生まれるかもしれません。そうなれば、それも「クール・ジャパン」を代表する商品のひとつになるでしょう。

しかし、どうして日本人はアイスコーヒーを生み出したのでしょう。最初に「アイスコーヒー」を作ったのはいったい誰なのか。定説がないので勝手な空想が広がります。大阪のおばちゃんが「こんなクソ暑い日に熱いコーヒーなんか飲めるかい。おっちゃん、氷、入れて！」と、味にこだわるマスターの意向を無視して、氷を要求したのかもしれません。この場合、マスターは最初、泣いたでしょう。

大正時代のモダンな雰囲気の中、喫茶店の名物を作るために、名古屋の人が「氷を入れたら、冷たくておいしいみゃ〜」と宣伝を始め、それが名古屋独特のモーニングサービス文化になったのかもしれません。海外から来たものだから、その飲み方にこだわりがなく、「暑い時は、氷」という単純なことだったのかもしれません。

とにかく、日本人は熱いコーヒーに氷を入れて、アイスコーヒーを作った。それがやがて、アジアに広がり、そして世界的に知られ始めている、というのが現状です。

今では、アメリカの大手のコーヒー・チェーンもアメリカでアイスコーヒーを売っていますから、アイスコーヒーはヨーロッパやブラジルでも定着するかもしれません。

ただし、海外のアイスコーヒーと日本のアイスコーヒーは、作り方が微妙に違うようです。

日本のアイスコーヒーは、アイスコーヒーに合う豆を選んで、少し濃いめに作って、それに氷を入れる——という作り方が主流です。が、海外では、普通に淹《い》れたコーヒーに氷を足す、というケースも多いのです。日本のアイスコーヒーに慣れた人には、少し物足りなく感じるでしょう。

ちなみに、世界的に、アイスティーは認知されています。ただ、欧米のお店に入って「アイスティー」と注文すると、コンビニやスーパーで売っているリプトンのボトルが出てくることが多いです。それを、そのまま飲んだり、氷の入ったグラスに移したりしていました。熱湯で紅茶を作り、それに氷を足すという方法は、本当に少数派です。

ともあれ、日本でアイスコーヒーを初めて飲んだ時、「なんだこれは!?」と抵抗を示した外国人も、何回か飲んでいるうちに、「これは美味しい」となる人がほとんどのようです。

「アイスコーヒー」は、日本人の知らないところで、「クール・ジャパン」なのです。

日本をちゃんと知る

九年前、『ｃｏｏｌ ｊａｐａｎ』という番組を始めた時は、まさか、こういうものが外国人にとってクールなもの、つまり、「クール・ジャパン」と思われているとは夢にも思いませんでした。やがて、番組を続けていくうちに、どうも、日本人が考える「クール・

ジャパン」と、外国人が感じる「クール・ジャパン」は、違うんじゃないかと思うようになりました。

現在、（番組ではなく、一般的な意味での）「クール・ジャパン」は、いつのまにか、「官主導の『マンガ・アニメ』を中心とした売り込み戦略」みたいに思われ始めました。国が「クール・ジャパン」と名付けて、なんでもかんでも売り出そうとしている、そんなイメージです。これに反発するのは、ある意味当然かもしれないと思います。

特に、「マンガやアニメ」は、サブカルチャーを代表するものです。つまりは、個人が自分なりに、または気の合った仲間たちと、楽しみ、共有するものです。大切に愛《め》でて、育てて、没頭したものです。そこに、個人の一番対極にある「国家」が入ってきて、「国が税金を使って売るから。だから、それに見合う成果を上げないと」なんて言われたら、反発するのは当たり前のようにも思えます。

経済産業省が二〇一〇年にクール・ジャパン室という部署を作ってから、じつは、番組にも反発するメールがくるようになりました。国の方針に従った番組だと思われているのです。

「クール・ジャパンはでっちあげだ」「クール・ジャパンは少しもかっこよくない」「クール・ジャパンなんて海外じゃあ、誰も知らない」。こんな言い方で、クール・ジャパンを批判する日本人が増えました。

そんなメールをもらうたびに、僕はじつにもどかしい思いをしていました。その文脈で語られている「クール・ジャパン」は、僕が出合った「クール・ジャパン」とずいぶん違ってるんじゃないか。それが、この本を書く動機のひとつになりました。

そもそも、僕が、『ｃｏｏｌ ｊａｐａｎ』という番組の司会を引き受けさせてもらったのは、日本のことをちゃんと知りたいと思ったからです。番組が始まった当初、ちょうど、自虐史観が話題になっていました。自分の生まれた国を全面否定する人と、全面肯定する人が対立していましたが、どちらも現実を具体的に見てないような気がしました。全面肯定と全面否定は、結局はコインの裏表で、抽象的な議論だけに終わっているんじゃないかと思ったのです。

日本の良いところと悪いところを、日本人が願望や感情で決めるのではなく、外国人の具体的な言葉で知りたいと思いました。

人生を変えた「ストレート・パーマ」

ニューヨークで収録して二〇〇七年六月にオンエアした「ニューヨークスペシャル」では、クール・ジャパンを経験したり、楽しんだりしているニューヨーク在住のアメリカ人に集まってもらいました。「折り紙」とか「剣道」を楽しんでいると言うアメリカ人がいました。最近は、こういう伝統文化、つまり、「クラシカル・ジャパン」は、クール・ジャパンとは違うと分類する人もいますが、僕は、これもまた当然、クール・ジャパンだと思っています。世界の人がかっこいい、素敵だ、クールだと思うものが、クール・ジャパンだからです。昔からクールと思われている、「富士山」や「寿司」「芸者」なんかもこの中に入るでしょう。

もちろん、日本人がまだ気づいてない、新しいクール・ジャパンがあれば、なお素敵です。

アメリカ人の若い女性が「私にとってのクール・ジャパンは、日本の『**ストレート・パーマ**』」と嬉しそうな顔をしました。一瞬、意味が分からず問い返すと、彼女は照れたように微笑みました。

「私はものすごい天然パーマで、髪がチリチリでした。なんとかして、ストレートの髪になりたかったんです。いろんな美容室に行ったんですけど、どうしてもストレートにならなかったんです。そしたら、ある美容室で『うちではダメだから、日本人の経営している美容室に行け』って言われたんです。半信半疑で行ってみると、日本のストレート・パーマ（英語では、ジャパニーズ・ストレイティングと言っていました）はアメリカの美容室がどうにもできなかった私の縮れたくせっ毛を見事にストレートにしてくれたんです」

彼女は、以前の自分の写真を見せてくれました。言葉は悪いですが、そこに写っていたのは、チリチリの天然パーマの野暮《やぼ》ったい女性でした。

目の前の彼女は、ストレートのさらさらヘアで、とても都会的で自信に満ちていました。彼女は、まっすぐに伸びた髪をかきあげながら、本当に幸福そうに微笑みました。

「日本のストレート・パーマが完全に私の人生を変えてくれたの」

そう言った彼女はじつに生き生きしていて、写真よりずっと若く見えました。

「プールで泳いで、水面から出た瞬間に、髪を左右に振って水を払うことができるの。どれだけ、その動きを夢見たか」

僕は彼女の笑顔を見ながら感動していました。彼女の人生を変えたストレート・パーマを作った日本人と同じ日本人であることに誇りさえ感じました。

そして、思いました。彼女にとっての日本は、彼女の人生を前向きな方向に変えた国として胸に刻まれるのだろう。それは、日本にとっても彼女にとっても、そしてアメリカにとっても日本人にとっても悪いことではないだろうと。

僕は「クール・ジャパン」について、まだなにも知らないと、あらためて思いました。日本人が気づかず、外国人がクールと思っているものはたくさんあるだろうと。

「日本人の誇り」を感じる時があるなら、それは、国力とか伝統とかそんな大げさなものでなくても、「アイスコーヒーを作った国」とか「強力なストレート・パーマを開発した国」とか、「スーツケースに初めて小さな車をつけた国（これをつけたから、私たちは重いスーツケースを持ち運ばないで、引っ張りながら旅ができるのです）」、そんなレベルを根拠にするのも悪くないと思ったのです。

それは、高級フランス料理のフルコースだけが豪華な食事ではなく、新鮮な玉子かけご飯とか地元特産の野菜料理とかも、感じ方次第で、どんな料理より豊かで美味しくなることと同じような気がします。

そして、相手を知り、自分の国のことを具体的に知ることは、やがて、自分自身を知ることにつながるんじゃないかと思います。

世界にはこんな見方があり、こんな考え方がある。多様であることを楽しむことは、きっと自分自身の人生も豊かにし、深くすることになるのです。

それでは、始めます。僕が番組から教えられたり、海外で仕事をしたことで知った「クール・ジャパン」の話です。

第一章　外国人が見つけた日本のクール・ベスト20

「ママチャリ」と「洗浄器付き便座」

外国大使館員や外資系企業の外国人ビジネスマンの奥様が、日本に来て気に入り、帰国の時に買って帰る二大商品が、「**ママチャリ**」と「**洗浄器付き便座**」です。

日本のママチャリは、じつは取り回ししやすいように前輪が後輪に比べて小さくなっています。今度、ママチャリを目撃したら、確認してください。こんなところ、日本人の心遣いがあります。

海外にも、子供用のシートを付けた自転車はあります。が、すべてが後ろに付けるタイプのものです。外国人の奥様がママチャリを見て感心するのは、子供用の椅子が前に付いていて、子供の姿を見ながら運転できる設計になっていることです。「これなら、本当に安心」と、番組に参加した外国人は口々に言います。そして「どうして、私の国にはないんだろう」と続けるのです。

これが、帰国する時に彼女たちが買って帰る理由です。

「洗浄器付き便座」というのは、耳慣れない言い方です。ＮＨＫの番組は特定の商品名がダメなので、こういう言い方になります。一番有名な商品は、やはり、ＴＯＴＯの『ウォシュレット』でしょうか。

日本に来て、これでお尻を洗うと、ほとんどの外国人がその快適さに負けます。「負ける」という意味は、当初、ほとんどの外国人は「そんなものは必要ないよ」と言っていたのに、何回か経験することで、「これは本当に快適だ」と変わっていくからです。

これは、日本人の発案ではありません。欧米には、ノズルでお尻を洗う医療用の機械が付いたトイレはありました。ただ、それを商品化して、トイレにコンパクトに組み込んだのは、日本のメーカーです。

じつは、世界ではいまひとつ売り上げが伸びていません。これにはいくつかの理由があります。ひとつは、海外では、硬水が多く（日本は軟水です）、ノズルに石灰がつまって故障しやすいということです。

が、一番の理由は文化的な理由です。西洋では、「お尻を洗う」イコール「ホモセクシュアル」というイメージがあるのです。なので、「自分はホモセクシュアルではないので、わざわざお尻を洗うことはない」と考えてしまうのです。

このイメージがなんとなくある限り、デパートやホテルなど、パブリックな場所での導入はなかなか進まないのです。

ただし、日本に来て体験し、その清潔さと快適さに感動して、個人的に買っていくという人は少しずつ増えているとメーカーの人は言っていました。それが、帰国の時の買い物ですが、それだけではなく、国に戻ってから注文する人も増えているようです。

そして今は、中国を中心としたアジアの売り上げが伸びているのです。お尻を洗うことに、特別なイメージが強くない国では、文化的な壁はあまりないので、パブリックでもプライベートでも比較的簡単に取り入れられるのです。

「クール・ジャパン」は、基本は三本の柱に分けられます。「ポップカルチャー」「ハイテク・ジャパン」「伝統文化」です。

マンガやアニメはもちろん、「ポップカルチャー」です。折り紙や和食は、「伝統文化」、高度な技術はもちろん「ハイテク・ジャパン」です。

ただ、この分類は目安にしか過ぎません。知っていればクール・ジャパンを理解しやすい、というだけです。

ママチャリを「ハイテク・ジャパン」というには少し無理があるでしょうし、アイスコーヒーはこの三つに分類できません。この三つのうち二つまたは三つが絡み合って、新しいものを創った場合も多くあります。

その中でも、洗浄器付き便座はハイテク・ジャパンを代表するひとつだと思います。

外国人は日本のトイレに驚く

二〇〇九年一〇月に放送した一〇〇回記念番組の時に、世界各国一〇〇人の外国人にアンケートを取りました。それまで、番組で取り上げたもので、これはクールだと思ったものをあげてもらったのです。その中のベスト20は次のようなものでした。

一位は「**洗浄器付き便座**」でした。

前述しましたが、「体験前は無意味で過剰なことだと思っていた」というレベルから、「実際に体験してみると、その快適さに驚く」というギャップ、さらに「自分の国ではなかなか広がらないだろう」という思いが一位に上げたようです。

温水が出ることと便座が温かいことも、得点を上げた理由です。ロシアや東欧など寒い国から来た人たちは、「便座が温かい」という事実に衝撃を受け、感動します。

それから、「もったいない精神」の具現化として、トイレの給水タンクで手を洗うことができるシステムに感動する外国人も多くいました。給水タンクの上から水が出て、そこで手を洗ってその水がタンクにたまるようになっているシステムのことです。これは日本オリジナルの工夫です。

あまり知られていませんが、じつは、世界のほとんどのトイレでは水を流す時、「大・小」の区別がありません。ほとんど、というのは、アジアで日本スタイルのトイレタンクを導入したところは、「大・小」の区別があるからです。

西洋では「大・小」の区別はありません。これも「もったいない精神」の具現化です。エコに関心のある外国人は、熱烈に感動します。

ただ、多くの外国人が「フタが自動的に開くことは、必要なんだろうか？」と思っています。この「ハイテク・ジャパン」は疑問に思っているのです（笑）。

また、日本に慣れてきた外国人は、「（自宅以外の）洗浄器付き便座に座ったら、ものすごい勢いでシャワーが出て、飛び上がりそうになった」というギャグ（？）を必ず言います。たしかに、「最強」に水流を設定したままの便座があって、日本人でも驚きます。あなたも驚いたことがあるでしょう。僕もあります。

「花は見る」が「葉は楽しめない？」

二位は「**お花見**」です。

これは、伝統文化に分類できるクール・ジャパンです。日本人もこれには納得するでしょう。満開の桜の花の下で、美味しいものを食べる趣向は、多くの外国人が支持します。

ただし、カナダ人が「日本人は、秋になると、黄色くなった葉っぱを見にツアーを組んでやって来るんだ。信じられないね」と話していました。「花を見る」という感覚は理解できても、「秋の紅葉を楽しむ」という感覚は、なかなか理解できないようです。彼らには「花は見るもの、葉は見るものではない」という確固たる分類があるのです。

伝統的な日本家屋は外国人に評判がいいですが、「吊り鉢」と呼ばれる、花のない植物や苔を植えて吊り下げられたものを「醜い」と言った外国人もいました。花ではなく、葉や苔を飾っていることが理解できないようでした。

三位は、「**一〇〇円ショップ**」です。

物価の高い日本に来た外国人の、駆け込み寺としての人気です。海外にも、もちろん、ワンコインというか、安い雑貨のお店はあります。一ポンドショップや一ユーロショップなどです。ただし、日本の一〇〇円ショップの豊富な品揃えと品質は、間違いなく世界一です。一〇〇円ショップが着実に海外進出しているのは、品数の多さと品質の保証が大きいのです。

四位は「**花火**」です。

打ち上げ花火も、そして、手に持つ花火も、ともに、日本は世界一の水準です。打ち上げ花火の大きさ、複雑さ、カラフルさ、派手さは、世界で驚かれています。世界の日本関係のイベントで、日本の打ち上げ花火を上げると高い評価を得ます。誰もがクール・ジャパンと納得するのです。

手に持つ花火では、「**線香花火**」が評判がいいです。複雑に表情を変えながら燃える線香花火は、「わび・さび」の表現と外国人は受け止めたり、「ハイテク・ジャパン」と捉えたりします。

日本人の多くは、手持ち花火を楽しんだ最後に、一人ひとり、「線香花火」を持って、ゆっくり楽しむんだと言うと、多くの外国人は興味深そうな顔をします。手持ち花火で遊ぶことはパーティーであり、お祭りなのに、その最後に、静かにゆっくりと「線香花火」を楽しむという日本人の習慣に、驚き、哲学を感じると言うのです。

あなたも僕もそうですが、そんなに深い意味でやってるわけではなく、「最後は線香花火でゆっくりとかみしめたい」とか「ぱっと終わると淋しいから、ダラダラと楽しみたい」なんてことだと思います。それが、ある種の哲学だと言われたら、そうかもしれません。日本人の無意識なのでしょうか。

多くの外国人は「花火パーティーの最後をこんなに静かに終わるのは理解できない」といい意味でも悪い意味でも思うのです。


五位は「**食品サンプル**」です。

これは、ご存知の方も多いでしょう。東京の上野と浅草の間、「かっぱ橋道具街」で食品サンプルを売るお店は、いつのまにか、外国人用の観光ガイドブックに載るようになりました。そして、今では外国人たちが、目をキラキラさせながらサンプルを見つめています。

日本人的器用さが生んだアートと呼んでいいでしょう。小さなお寿司の食品サンプルは、日本からのお土産としても喜ばれます。

海外のレストランや食堂では、食品サンプルではなく、メニューや写真を店頭に出すだけですから、そもそも、食品サンプルが珍しいのです。


六位は「**おにぎり**」です。

意外と思われるかもしれませんが、日本でおにぎりを評価する外国人は多いです。まずは、コンビニで簡単に手に入るようになったことが一番の理由です。そして、具が「ツナマヨネーズ」とか「ベーコンとチェダーチーズ」「とんかつ」というように外国人にも馴染みのある、または親しみやすい食材になってきたのが二つ目の理由です。

ただし、「**海苔**」に抵抗を示す外国人は多いです。慣れれば平気という人と、慣れないので「海苔」は食べないという人に分かれます。その点、コンビニのおにぎりは海苔を後から自分で巻くタイプが多いので、どちらでも選ぶことができるのです。

終電について考える

七位は「**カプセルホテル**」です。海外ではじつに有名です。「カプセルホテルは、桜、富士山、秋葉原と並んで有名です」と言ったアメリカ人女性がいました。それは、ずらりと並んだ風景がインパクトがあるからです。

皮肉っぽく言えば、棺桶が並んだようなイメージ。肯定的に言えば、「ハイテク・ジャパン」の象徴のような扱いです。

実際に宿泊してみて、「安いからいい」とか「これだけのスペースがあれば充分」とか「テレビも付いていて素晴らしい」という肯定的な意見と、「狭すぎて頭をぶつけてしまった」とか「隣の人のイビキが大きくて寝られなかった」とかの賛否両論が外国人から起こりました。

そもそも、「どうして、カプセルホテルに泊まらないといけないのか」→「それは、東京や大阪という大都市でも、地下鉄は二四時間運行ではないし、地下鉄の路線をカバーする深夜バスもないし、つまり終電というシステムだからだ」→「だから、高いタクシー代を出して帰りたくないから、カプセルホテルが必要になるんだ」という不満を持つ外国人は多いのです。

日本に住み始めて、「**終電**」というシステムに驚くのです。ニューヨークの地下鉄は二四時間運行です。ロンドンの地下鉄は終電がありますが、代わりに深夜バスがあちこちに向かって走っています。パリもほぼ同じです。

なのに、なぜ、世界に誇る大都市・東京、そして大阪は、終電以降、タクシーしか頼れないのか、ならば、カプセルホテルに泊まるしかないんじゃないのか、と外国人は不思議に思うのです。

「終電は不便じゃないか」という外国人に対して、「終電があるから、飲み会が終われる」と番組の取材で答えた日本人がいました。「終電・終バスがあるから、飲み会を切り上げられる。もし二四時間、電車やバスが動いていたら、日本人はどこで飲み会をやめたらいいか決められない。きっと、やめるタイミングを逃して、ダラダラと飲んでしまう。または、えんえんとつきあわされる」という意見です。思わず、なるほどとうなづきました。日本人は飲み会の途中で、一人だけ帰る、ということがなかなか苦手です。集団から単独で離脱するのは本当に不得手なので、終電という「飲み会を終わらせる正当な理由」が必要なのかもしれません。

八位は「**盆踊り**」です。

日本の伝統文化に感動する外国人があげます。ただし、日本人の実感としては、「先祖の霊を供養するために踊る」という、「宗教行事として、伝統文化にのっとった盆踊り」という意識を持つ人は少ないだろうと思います。なんとなく、地域が盆踊りをするから参加する、という人が多いだろうと感じます。ともあれ、盆踊りの風景が外国人には、エキゾチックに、魅力的に映るだろうということは容易に想像できます。

九位は、「**紅葉狩り**」です。

二位の「お花見」のところで書きましたが、比較的日本滞在の長い外国人は、「黄緑、黄色、赤」とさまざまな色に変わる秋の葉の風景を綺麗だと思い始める外国人と、どんなに日本にいても葉を愛でることをまったく理解できない外国人とに分かれます。

一〇位は、「**新幹線**」です。

これも世界的に有名になりました。番組では中国人女性が「中国で人気があるのは、桜、富士山、新幹線です」と答えました。フランス人男性は「フランス人はマンガで新幹線を知ってるんだ。『キャプテン翼』や『GTO』で見たんだ」と嬉しそうに語りました。

揺れが小さく快適なこと、時間に正確なこと、事故が極端に少ないこと、などが評価されています。日本に来たら、どんなに短い時間でもいいから新幹線に乗りたいと思う外国人は多いのです。

黄色い新幹線、通称「ドクターイエロー」が日常的に走り、線路の歪み、電気系統や架線のチェックを行っています。偶然、目にしたラッキーな人もいるかもしれません。検査専用の車両です。その検査結果を元に、深夜〇時から六時の間に修理作業をしているのです。これが、新幹線の事故が極端に少ない理由のひとつです。

ちなみに、東京や大阪の地下鉄を二四時間運行にしないのは、このメンテナンスの時間を取るためだ、という意見もあります。ニューヨークの地下鉄は二四時間運行だから、充分なメンテナンスができないんだ、という意見です。

居酒屋はすごい

一一位は「**居酒屋**」です。

「どうして居酒屋が？」と疑問に思う人もいるかもしれません。番組「ニューヨークスペシャル」では、ニューヨークにできた居酒屋が大評判になっているという紹介もしました。

店内は、まさに日本で見られる典型的な居酒屋でした。内装もメニューも、居酒屋そのもので、そこにニューヨーカーが殺到していました。

アメリカ人男性は「我々の文化では、食事をする時はレストラン、お酒を飲む時はバーというふうに、二つにきっちり分かれている。でも、居酒屋は、食事しながらお酒が飲める。じつにクールだ」と言います。

さらに「居酒屋は、注文しながら食事ができるんだ。レストランは、最初に全部の料理を注文しなければいけないんだ。居酒屋がどれだけクールか、分かるかい？」と感動した顔で付け加えました。

言われてみれば、その通りです。

ロンドンのパブは世界的に有名です。そこでは、もっぱら、みんなビールを飲むので、おつまみは、申し訳程度です。チップスと呼ばれるフライドポテトがあるのは良い方で、袋に入ったピーナッツと小さなプレッツェルしかないお店も珍しくありません。何人ものイギリス人にそのことの不平を言うと、「我々は、ビールを飲みたいんだから、それでいいんだ」と当然の顔をしていました。

僕がロンドンの演劇学校に留学していた時、イギリス人のクラスメイトが、パブなのに、じつに美味しいタイ料理が食べられる場所をみんなに紹介して、飲み会を開きました。外観も内装も典型的なイギリスのパブなのに、おつまみがたっぷりあるという奇跡のような場所でした。

酒を飲みながら食事するという「居酒屋文化（？）」が染み込んでいる日本人の僕は、その場所が大好きになり、なにかにつけそこに行きました。ただ、そこはいつも激しく混んでいて、僕は「なんだ、イギリス人だって、ビールを飲みながら、美味しいものを食べられるのがいいと思ってるんじゃないか」と妙に納得したのです。

日本に来た外国人は、居酒屋のそういうシステムに感動し、メニューの多さに驚き、庶民的な値段に喜ぶのです。

山とロボットに見る西洋人の感覚とは

一二位は「**富士登山**」です。

そもそも、山を見て感動する、という精神性を持つ外国人は番組では見つかりませんでした。日本では、ただ富士山を映すだけのライブカメラというのがいくつもネットにあります。そのサイトを開けば、「今現在の富士山」が見られるのです。

外国にも、山を映すライブカメラはありますが、それは山の天候を知るためのものです。登山やスキーのために、山の状態を知りたいからカメラを向けるのです。

ただ、その山が好きだからとか、綺麗だから、愛されているから、ライブカメラを向ける、という国はありませんでした。番組ではスイス人もいたのですが、ライブカメラはもちろんあるけれど、それは登山のためであって、山を愛《め》でるためではない、と答えました。そもそも、山そのものを愛でる、山を神秘的なものとして崇《あが》める、という感覚が理解できない、と不思議そうに言いました。

ちょっと話はそれますが、これは、キリスト教の影響が大きいのではないかと、僕は思っています。

ただひとつの神を信じる一神教として確立していくために、キリスト教は、自然信仰的なものを厳しく禁じました。

例えば、「満月に祈る」とか「大きな木には精霊がやどっているような気がするから大切にする」とか「湖や沼が神秘的な雰囲気だからお供え物をする」というようなことがすべて、「迷信」であり「悪魔の誘惑」であり「堕落への始まり」「異端の信仰」だと厳しく禁じたのです。

日本人から見ると、ごく当たり前の気持ちです。富士山を見上げる時や山頂で御来光を見る時、なにか荘厳な気持ちになって、思わず拝んだり、頭を下げるとか、願をかける、というような感情です。

キリスト教が厳しく禁じたということは、そういう感覚を、ヨーロッパの人たちももともとは持っていたということです。人間は、自然な感情に従うと、そういうことを感じるんだ――そう知ったことが、逆に僕には驚きでした（このことを明らかにしたのは、一橋大学の学長だった阿部謹也氏の功績です。僕はそのことを、自分の著書『「空気」と「世間」』〈講談社現代新書〉に書きました）。

一二一五年、イタリアのローマで開かれた第四ラテラノ公会議では、信者全員に年一回の告解を義務づける決定が下されました。一年に一回、「私は山の上から昇る朝日を見て、神々しいと思ってしまいました」というような「迷信」を感じたことを、正直に懺悔《ざんげ》しなければいけない、ということをキリスト教が決めたのです。逆に言えば、それだけ、キリスト教が力を持つようになり、人々の内面を決定づけるようになった、ということです。

その結果、「山そのものを崇め、愛する」という感覚がなくなったんじゃないかと僕は考えるのです。花だとそこに信仰は生まれません。ただ愛するだけです。ですが、山とか滝、巨木など、人間になにかしらの存在感、つまり威厳とか畏《おそ》れ、神々しさを感じさせるものは、なんらかの信仰が生まれます。それはキリスト教が最も禁じたものなのです。ですから、一神教の人たちは、やがて、「山という存在そのものを愛する」という感覚をなくしていったのではないかと思うのです。

ですから、アルプスを持つスイスでさえ、「アルプスを愛でるためのライブカメラ」が存在しないのではないかと思うのです。

さらに話は飛ぶのですが、「**人間型ロボット**」というのも、じつは日本の独壇場です。西洋が研究するロボットは、四足歩行だったり、上半身はなくて二本足の部分しかなかったりして、人間の姿とはほど遠いものです。

日本は、『鉄腕アトム』の時代から、ロボットと言えば、人間の形をしています。それが、ホンダの『ＡＳＩＭＯ』へとつながっています。

番組では、日本のロボット研究も取り上げたのですが、イタリア人の男性がじつに複雑な顔で言いました。

「私たちはカソリックです。神の教えを守っています。人間を創るのは神だけです。人間は人間を創ってはいけないのです。それは、神の仕事を傲慢にも奪おうとすることです。人間には決して許されないことです。ですから、欧米では人間型のロボットを作らないのです。というか、宗教的に作れないのです。人間の形と離れていれば、その研究は肯定されますが、人間に似せようとした瞬間に、激しく否定されるのです」

その言葉を聞いて、僕は「どうして、人間型ロボットといえば、日本の研究が主に話題になるのか」「どうしてロボットアニメは日本発が多いのか」「どうして欧米のロボットは動物の姿に近いのか」「リアルに人間に似せようとする研究がどうして欧米にないのか」という疑問が氷解しました。

こんな分野にも、というか、こんな分野だからかもしれませんが、一神教としてのキリスト教が影響しているんだと知って、僕は驚いたのです。

そして、宗教的身軽さというのも、日本人が世界に対してなにかをする可能性を広げるひとつになるかもしれないと思いました。

話は戻りますが、ですから、外国人には、「富士山を崇める日本人」はじつに不思議に映ったようです。富士山に向かって祈り、御来光に手を合わせることは理解できないようでした。

ただ、「富士登山」は、うなづきました。「登山」を理解し、愛し、大好きになることには、外国人も日本人も違いはありません。山と「登山」という形でつながるのは、外国人にとっても当たり前のことなのです。

二〇一三年六月に世界文化遺産に登録された富士山に登ることは、外国人にもますます人気になるでしょう。

大阪人は日本人ではない？

一三位は「**大阪人の気質**」です。

番組でこういう特集を組んだのです。それは、外国人の中から、「どうも大阪人は、私たちがイメージしている日本人と違う」という声が聞こえてきたからです。

内気で、恥ずかしがり屋で、奥ゆかしい、思ったことをなかなか口にしない、という日本人のイメージと、どうも大阪人は合わないと言うのです（僕が言ってるんじゃないですよ。番組に出た、多くの外国人が口を揃えて言っているのです）。

それほど言うのなら確かめてみましょうと、二〇〇九年、大阪でロケをしてみました。やることは簡単。外国人が、街を歩く大阪人に突然、葵《あおい》の印籠を見せて「コノインロウガメニ　ハイラヌカ!?」とたどたどしい日本語で言うだけです。日本に住んでいる人ならみんな知っている『水戸黄門』のパロディーです。

呆れたことに、いえ、驚くことに、印籠を突きつけられた大阪人は、九割近い人が、「ははあ～」と言いながら、ひれ伏す真似をしました。ロケ地が大坂城の近くだったので、ひれ伏さなかった残りの一割は大阪以外から来た観光客なんじゃないかと僕たちは想像しました。

二〇人ぐらい土下座の真似をしてくれる人を集めるのに、二時間はかかるかなと考えていたのに、二〇分で予定人数は集まりました。

東京で、事前にロケをしましたが、誰一人、やってくれませんでした。印籠を突きつけられた人はみんな、戸惑い、ポカンとし、照れ笑いをしながら「えっ？ なんですか？」「印籠ですね……」「ごめんなさい」などと反応しただけでした。

大阪の結果に、外国人も番組スタッフも僕も、大笑いして感動しました。「これは、まるでラテンのノリなんじゃないの？」と口々に言いました。

歩いている人の前で突然、バナナを取り出し「ハイ　モシモシ　チョットマッテクダサイ」と言い、相手に「デンワデス」とバナナを差し出すというネタもやりました。これまたほとんどの大阪人は、当然のようにバナナを受け取り、「はい、もしもし」と耳に当て、すぐに「バナナやないかい！」と外国人に突っ込みました。業界用語で言う「ノリツッコミ」ですね。一回、相手のボケに乗って、その後、突っ込むという技です。バナナを突き出され、一瞬、戸惑う子供に、横で「アホ。ちゃんと受けんかい。もしもし、やろ」と、ノリの指導をする父親もいました。

どうしてそんなことを言うんですか？　と訊けば、「いや、当然のことでしょ」としごく普通の顔で答えてくれました。

じつは、「**回転寿司**」も「**カラオケ**」も「**インスタントラーメン**」もすべて大阪で生まれて世界に広まったものです。どれも、感動的な発明というよりは、思いついた時にはちょっと笑ってしまう雰囲気があります。いえ、バッタもんの匂いさえします（笑）。

でも、たいていの発明は、最初のとっかかりはバカバカしかったり、恥ずかしかったり、くだらなかったりするものじゃないかと思います。笑われても試行錯誤を続けることで、世界に通じる発明になるのでしょう。

こういうものを発明できたのは、くだらないことを言って笑われることを、たいして気にしない文化に育っているからじゃないか。くだらないことを思いつき、言い出し、製品化することに抵抗が少なかったんじゃないかと考えるのです。

それともうひとつ「オレオレ詐欺」「振り込め詐欺」は、大阪では発生件数がとても少ないのだそうです。電話を受けた母さんが「あんた、誰や？」と徹底的に突っ込むからでしょうか。

これもまた不思議ですが、なんとなく納得する大阪人の特徴です。

というわけで、クールなものの一三位は、「大阪人の気質」になりました。ベスト20を発表すると、たいてい、この一三位に質問が集中します。でも、外国人が面白がっているのですから、堂々の一三位入賞なのです。

外国人が知らなかった湯船の快楽

一四位は「**スーパー銭湯**」です。

「日本人の団体が泊まった夜は、お湯が出にくくなる」と身構えるホテルは世界中に多くあります。夜、遅い時間に団体が着いたりしたら、その直後に一気に日本人は全員、お風呂に入ります。湯船にお湯をためますから、お湯の供給が間に合わなくなることがあるのです。

日本人は本当にお風呂が好きです。海外では、けっこうなクラスのホテルでも、シャワーしかない所が普通にあります。湯船があっても、栓の密閉が不十分で、お湯がなかなかたまらない所もあります。壊れているとか、古いとかではなく、ためる必要を感じないから、そういう栓になるのです。

一度、僕はニューヨークで一泊四万円ほどするホテルなのに、お風呂の栓がまったく密閉しない湯船に当たったことがあります。入りながら、ずっと足の踵《かかと》で栓を押さえていて、リラックスしたいのに、下半身だけずっと緊張していたという残念な経験をしました。

ほとんどの外国人は、湯船につかる、ということを重要視しません。が、日本に来て、深く湯船につかることで、その快適さに目覚めます。シャワーではなく、湯船につかることで、どれぐらい疲労が回復し、安眠を得られるかを知るのです。

「スーパー銭湯」は、ほとんどの外国人にとって、「洗浄器付き便座」と同じように、経験する前は、その価値を認めません。が、ためしに一度行ってみると、いろんな種類の湯船につかることの楽しさを知るのです。

自動販売機の威力

一五位は「**自動販売機**」です。

世界中の外国人は日本に来て、自動販売機の多さと種類に驚きます。日本にこれだけ自動販売機が多いのは、もちろん、治安がいいからです。海外では、道端に自動販売機がある、なんてことは絶対にありません。そんなことをしたら、一晩で壊され、中の商品とお金を奪われるからです。

海外では、自動販売機はあっても、ホテルのロビーとかショッピングモールの中とかの屋内です。

それも、タバコや清涼飲料水だけです。飲物の種類もそんなにありません。また、故障していることもよくあります。日本人で、海外の自動販売機にお金を入れてもなにも出なかった、壊れていた、という経験をした人はそれなりにいるはずです。

基本的に海外の人は、自動販売機が壊れていても驚きません。そういうこともあると分かっているのです。

日本の自動販売機は、めったに壊れません。もし、壊れていても連絡先がちゃんと書いてあって、お金を取り戻すことができます。

また、外国人が驚くのは、冬に「温かい飲物」と「冷たい飲物」が、同時に売っていることです。日本人には当たり前のことになりましたが、外国人は衝撃を受けます。

また、飲物の種類の多さにも驚きます。お汁粉や甘酒まで売っているのです。

さらに、飲物以外——アイスクリームやパン、お菓子、おでん缶、さらにリンゴの自動販売機も登場しています。

また、アルコールの自動販売機があることにも衝撃を受けます。海外では絶対にないことです。アルコールは有人販売で、なおかつ、時間制限があり、夜中になったら絶対に手に入らないことが海外では主流です。

気づいてない日本人は多いですが、どれだけ便利な国なんだということです。ジョギングに出て、喉《のど》がかわいた時、簡単にミネラルウォーターが手に入ることが素晴らしいと、アメリカ人男性が言っていました。

アメリカでもヨーロッパでも、お店が近くにないと、水ひとつ簡単には買えません。時間によって閉まっている場合は、手に入れることは絶望的なのです。

ちなみに、深夜、電球が切れて、替えの電球を手に入れられる国は日本だけです。つまり、「**コンビニエンス・ストア**」の存在です。日本のほとんどの街では、近くにコンビニがある限り、深夜でもたいていのものは手に入ります。電池もアルコールもタバコもノートも。ニューヨークでもロンドンでもパリでも、こんなものが深夜に手に入る都市はありません。どんなに大都会でも、深夜、手に入らないのです。日本人がいかに便利な国に住んでいるか、外国人はみんな驚きます。

一六位は「**立体駐車場**」です。

狭い土地をいかに有効活用するか、という日本人の必要から生まれたメカニズムです。

これに感動する気持ちは分かる気がします。

一七位は、「**ICカード乗車券**」です。この当時、ニューヨークでは実証実験が始まり、ロンドンではまだ取り入れられていませんでした。が、続々と世界中が電車やバスに共通して使える「ICカード乗車券」を取り入れ始めています。これは、べつに日本発というわけではなく、ただ、二〇〇九年段階で、日本が世界に先駆けていたのです。

ニッカボッカはクール・ファッション!

一八位は、「**ニッカボッカ**」です。

そう、土木作業員や鳶職《とびしょく》の人たちが穿《は》くダボッとしたズボンです。これが、海外では、クールなファッションとして、評価されているのです。

冗談のようですが、本当の話です。そもそも、ニッカボッカは、座った時に膝の部分が突っ張らないように余裕のあるデザインなので、じつに動きやすくできているのです。

そして、あの特殊な形が、見たこともない海外の人からすると、おしゃれとかかっこいいとかと感じるのです。

僕がロンドンで二〇〇七年六月、自分の戯曲『トランス』をイギリス人俳優を演出して上演した時のことです。一ヵ月ほど稽古したのですが、俳優のスティーブはなんと稽古着として、ニッカボッカを持ってきました。驚いた僕は、どこでそれを手に入れて、どうしてそれを穿いているのか、訊きました。

スティーブは、一度、観光旅行で日本に行ったことがあり、その時にニッカボッカを目撃した、とても興味があったので、イギリスで日本のネット通販で探して買った、と答えました。じつに動きやすくて、かっこよくて気に入っていると自慢げな表情でした。

かくして僕は、ロンドンでニッカボッカを穿いているイギリス人俳優を演出するという、じつに不思議な体験をしました。日本人からすると、ガテン系のお兄さんを演出しているという感覚です。が、スティーブはクールなトレーニングウェアを着て、真面目に演劇の練習をしている、という様子でした。

ちなみに、「**地下足袋**」も海外では人気になっています。日本では、クールな地下足袋を専門に売る店もできました。外国人観光客が口コミで集まり、お土産として人気になっています。じつにカラフルな地下足袋で、もう地下足袋という言葉には納まらなくなっています。形は地下足袋ですが、花鳥風月のカラフルな絵柄がさまざまに描かれているのです。

和風のスニーカーだと思って、外国人は買っているのだと思います。日本人も、すぐにはそれが地下足袋の形をしているとは気づかないかもしれません。それぐらい、ファッショナブルなのです。

地下足袋は、耐久性があり滑らないようにゴム底を付けた足袋として発案されました。三井三池炭鉱の炭鉱夫に支持されて、全国に広がったのです。発案した人は石橋徳次郎さんと弟の石橋正二郎さん、タイヤのブリヂストンを創った人です。ゴムつながりですね。

番組では、イタリア人女性にニッカボッカを穿いてもらって、イタリアの街を歩いてもらいました。「デザインがアラビア風だね」と言われて、やはり好評でした。日本人は、どうも先入観があるので、なかなか理解できませんが、デザインとして純粋にクールなのでしょう。

一九位は「**神前挙式**」です。

これは日本の伝統文化を感じるのでしょう。花嫁さんの高島田の髪形も白無垢の和装も、花婿さんの紋付き袴姿も、外国人には珍しいものです。

僕は一度、明治神宮の境内で偶然、境内を進む新郎新婦を見ました。神前挙式の会場へと向かう途中だったのでしょう。二人の前を、真っ赤な和傘を高く差し上げた男性が歩いていました。その後ろを真っ白な花嫁と漆黒の花婿がゆっくりと続きました。そして、その後ろに両親が。まるで一枚の絵のようでした。

外国人観光客がさかんに写真を撮っていました。僕は演劇の演出家として、新郎新婦の前に、大きくて真っ赤な傘を掲げる演出に唸《うな》りました。そこに、ひとつの傘を置くだけで、新郎新婦のいる空間は劇的に変わるのです。真っ赤な傘ひとつが、結婚という儀式性を高め、注目を集め、結界を作り、新郎新婦を守っていると感じました。なおかつ、この結界はゆっくりと移動するのです。

色のバランスといい、形といい、見る人誰もに「人生に一度きりのことを心に刻みつける」という満点の風景でした。最高の演出です。

マンガはコーチングのいらない日本文化

二〇位は「**マンガ喫茶**」です。

日本のマンガやアニメが本当に世界で力を持つようになったんだなあと実感するのは、番組『ｃｏｏｌ ｊａｐａｎ』に出演する外国人の中に、アニメオタク、マンガオタクがいるようになったことです。彼ら彼女らは、仕事でもなく留学でもなく、ただ、アニメやマンガの本家である日本に来たいという情熱だけで、日本に来るのです。

彼らの多くは、日本語をアニメやマンガで学びます。学校生活も桜もこたつも、あらゆる日本の情報もマンガやアニメを通じて知るのです。

オーストラリア人女性は、オーストラリアで売っている英語版の『フルメタルアルケミスト（鋼《はがね》の錬金術師）』は三〇ドルもしたから、日本から日本語版を取り寄せて読んだと言いました。そして、なんとかして読みこなしたかったから、日本語の勉強を始めたんだと。イギリス人男性は、大友克洋氏のマンガ『ＡＫＩＲＡ』を読んで日本に来たいと思ったと真顔で語りました。

海外では、マンガは基本的に子供が読むもので、大人が読むものではないと思われています。なので、日本のマンガを隠れて読む人が多いのです。

海外のマンガファンたちには、東京都中野区にある「**中野ブロードウェイ**」は秋葉原と同じぐらい有名です。イタリア人女性は、「日本に来る前から当然知ってた。世界のマンガ好きには有名な場所」と語りました。

そんなマンガを好きなだけ読めるマンガ喫茶は、マンガ好き外国人からするとユートピア、天国なのです。

ちなみに、「あ、この外国人はマンガやアニメが好きで日本に来たんだなあ」と僕は、彼ら彼女らが番組に初登場する時に、雰囲気ですぐに分かります。なんというか、アニメオタク、マンガオタクの匂いがするのです。これはべつに悪口ではなく、格闘家が格闘家の匂いがするように、俳優が俳優の匂いがするように、料理人が料理人の匂いがするように、マンガ好き・アニメ好きは、世界共通の匂いがするのです。よく言えば、「優しくて、穏やか、好奇心のアンテナが張られている」匂いです。悪く言えば、「少し人間関係が苦手そうで、ナイーブ、こだわりが強そう」な匂いです。

二〇〇六年七月、番組ではフランスで行われる「ジャパンエキスポ」を取材しました。この時は第七回の開催で、参加者は三日間で約六万人でした。

始まりは一九九九年、日本に興味を持った数人のフランス人が始めたイベントで、参加者は三〇〇〇人だったそうです。それが、二〇一四年七月の第一五回には、四日間で二四万人になりました。ニュースにもなったので、知っている人もいるでしょう。

最近は、「ジャパンエキスポ」という名前ですが、韓国が参加して、多くのフランス人が韓国ブースに集まっていると報道されました。「集まったフランス人は、日本のマンガと韓国のマンガの違いを分かってない人も多い」なんて言い方で日本側は危機感を募らせました。

韓国は、韓国政府所管のコンテンツ振興院というところが旗を振っています。

今は日本政府、外務省も積極的に関わろうとしていますが、始まりが数人のフランス人だというのが、現在に続くクール・ジャパンを象徴していると思います。

番組が取材した第七回の時には、会場に外務省の役人の方がいました。ただ、「日本政府として、どう関わるか」ということに、まだためらいと方針のブレがありました。民間が始めて交流したものに、国が入っていいのかという、良い意味でも悪い意味でも慎重な遠慮があったのです。

けれど、韓国はいきなりブースを作って始めます。国の機関が先頭で旗を振ります。それが、「韓流」と「クール・ジャパン」の違いでした。

話は戻って、第七回、二〇〇六年の時点でのジャパンエキスポは、すでに充分衝撃的でした。

なにせ、数百人のフランス人がアニメ『鋼の錬金術師』のエンディング画面に合わせて、エンディングソングを日本語で大合唱しているのです（歌いやすいようにアニメ画面には、ローマ字で日本語の歌詞が表示されていました）。

一時間以上、アニメのオープニングとエンディングが次々と映されて、フランス人たちは熱狂的に歌い続けました。

コスプレも、フランス人がやりますから、キューティーハニーもプリキュアもセーラームーンも、なんというか、本物というか画面から飛び出てきたの？　という人が多くいました。

「ゴスロリ（ゴシック&ロリータ）ファッション」とか「女子高生ファッション」で歩いている人たちも当然いました。この当時、フランスでは売ってなくて、インターネットで日本のサイトから買ったとフランス人は答えていました。

ちなみに、この時の人気マンガベスト3は一位『NARUTO』二位『ヒカルの碁』三位『鋼の錬金術師』でした。

「日本のマンガが大好きになった」結果、「マンガに登場する日本が大好きになった」人たちが何万人も集まっているわけです。

「囲碁スペース」も用意されていて、神妙な顔で碁を打っている人たちも、何十人といました。もちろん、『ヒカルの碁』の影響です。

このジャパンエキスポの一週間ほど前にフランスを代表する新聞『ル・モンド』が「マンガの流行は、一時的でも表層的でもなく、文化の深い部分とつながり、世界の文化を変えていくだろう。それは、パンク音楽がしたことと同じだ」という評論を出したそうです。

「どうして、そんなにマンガにはまったの？」という素朴な質問をフランス人にしていたら、一人「コーチングのいらない唯一の日本文化だから。マンガだったら、日本で師匠に学ばなくても、フランスで、自分一人で勝手に始められるから」と答えた若い女性がいました。なるほどと、目からウロコがアン・ドゥー・トロワと落ちました。

お茶もお花も空手も歌舞伎も柔道も日本文化の代表的なものは、全部、コーチングが必要不可欠で、師匠だの先輩だの先生につかないと学べません。

が、マンガは独学で始められるのです。

思わず、イギリスの演劇学校に留学した時の二年先輩の女優のことを思い出しました。彼女は、能に憧れて、日本に来て、能の師匠に弟子入りしました。学校の先輩だったので、僕も一応、ケアしようと気にしていました。師匠の名前が聞いたことがない人だったので、少し心配だったのです。

ある日、「今日、なにしたの？」と訊くと、「スタンディング・メディテーション」と答えました。それはなに？　とさらに訊けば、今日は能の師匠に、公園で立ったまま、瞑想するように言われたというのです。

「どれぐらいやったの？」と訊くと、「三時間」と彼女はあっさりと答えました。

師匠はそう告げた後、いなくなったというので、彼女は一人で公園で目を閉じたまま三時間立っていたのです。イギリス人からすると、「これが日本の神秘、能の秘密」なんて思うのかもしれませんが、僕からすると「うーん、その人はやることが浮かばなかったのか、体調が悪かったのか、それともただの手抜きか」と思ってしまいます。でも、師匠に反論できないのが「弟子入りシステム」「徒弟制度」ですからね。

マンガは日本文化の代表なのに、そういうシステムから自由だと、フランス人女性は目を輝かせて言いました。

また、ゴスロリファッションの女性に「どうして、そんな格好をしているの？」と訊くと「日本に行って、原宿でゴスロリの女性をたくさん見た。日本はなんて自由な国なんだと思った。自分の着たいものを着て、街を歩いている。フランスにはそんな自由はない」と答えました。

思わず絶句して、「だって、フランスはファッションの国でしょう？」と言うと、「三〇代、四〇代以上のシックなファッションはたくさんある。だけど、私が着たいものはない！」と反論しました。

ファッションにこだわりがある国だからこそ、若い人たちの手軽で自由なおしゃれに対しては、意識的にも無意識的にも厳しい、ということでしょう。若い人たちは、それを大人たちからのプレッシャーと感じているのです。

これが、後々、フランスで「東京コレクション」を、若い女性が熱狂的に支持するようになった理由なのです。

以上が、番組を始めて約四年間、一〇〇回記念でアンケートを取ったベスト20です。どうですか？　人気があるだろうと知っていたものや、まったく知らなかったものがありますか？　また、知れば納得のものや、知っても納得できないものがありますか？

第二章　日本人とは？

日本人は時間に正確なのか？

もしあなたが、海外で夜七時からのパーティーに招かれたら、何時に行きますか？なにを言っているんだ、七時に決まっているだろうと即答した人は、海外では苦労するかもしれません。

欧米人は、だいたい三〇分から二時間遅れてパーティーに来る、と言いました。平均すると、アメリカもイギリスもフランスも一時間ぐらいです。ドイツ人も一時間ぐらい遅れるよと言いましたが、他の欧米人から、「いや、ドイツ人は時間ちょうどに来る」と突っ込まれていました。スペイン人だけは、「三時間は遅れるね」と、平気な顔で言いました。

アジアも、暖かい地域になると、だんだん遅くなります。五分前集合が常識だと言われる日本でも、南に行くと、「博多時間」「沖縄時間」なんて言い方があります。

初めて福岡で芝居をした時、夜七時に芝居が始まる予定なのに、七時を過ぎて観客が続々と集まっている状況に驚いていると、「鴻上さん、博多時間ばい」と説明されました。沖縄で芝居をした時も同じように「鴻上さん、沖縄時間さー」と言われました。

インドネシアで昔、映画の製作発表の記者会見をやったことがあるのですが、予定の時間から一時間半遅れて始まりました。誰も文句は言っていませんでした。

日本に慣れてきた外国人は、日本でパーティーをする時には、日本人向けと外国人向けに違う集合時間を言うそうです。

日本人に夜八時半、外国人に夜七時と伝えておくと、八時半ぐらいからいい感じで始められると外国人たちは微笑みました。

ちなみに、「どうして、そんなに時間通りに来ないの?」と訊くと、「だって、一番最初に来る人間になりたくないじゃないか。まるで、暇で焦ってる人みたいに思われるだろう」という、じつにナイーブな答えが例外なく返ってきました。「時間を持て余していて、誰も遊ぶ相手がいないから、真っ先にパーティーに来た」と思われたくない、というのです。

その理由はもちろん分かりますが、それで、一時間以上遅れるというのは日本人にはできないなあと思ってしまいました。

ちなみに、スペインの三時間というのがあんまり衝撃的だったので、「スペインは、誰も時間を守らないの？」というじつに素朴な質問をしたら、スペイン人男性が「そうだよ。スペインでは、夜七時のＴＶニュースは七時には始まらないよ」という衝撃的な発言をしました。さすがに嘘だろうと思って、番組のＮＨＫスタッフがスペイン大使館に問い合わせると、「はい。そういうことはあります」というこれまた驚愕のコメントが返ってきました。七時のニュースが二、三分遅れで始まるのは、普通のことだそうです。

ただし、ロシア人が、「日本では時間を守ることが簡単なのよ」と言いました。「ロシアは土地も広いし、電車も時間通りこないからです」。そう言うと、ヨーロッパ人が次々にうなづきました。イタリア人は「ウェブサイトで電車の時刻が分単位まで分かるのは、日本だけなんじゃないの？」と言いました。

なおかつ日本の電車は、その通りに動いているから時間が読めて、遅刻しないということです。

そういえば、僕がイギリスの演劇学校にいた時、地下鉄の遅れで、生徒だけじゃなくて先生もよく遅刻していました。教室に入りながら、「Ｔｕｂｅ（地下鉄なの）」と一言いえば、誰も追及しませんでした。そういうもんだと、みんな諦めていたのです。

ちなみに、パーティーで飲みすぎて、「顔色が悪い」という絵を描く時、日本人の多くは、青色で顔を塗ります。二日酔いだけではなく、死にそうな人とか、どよ〜んと落ち込んでいる人も青ですね。これが、世界ではまったく違っていました。

フランスは黄緑。ドイツとイギリス、アメリカは緑（だから、ゾンビは緑の顔なんだと気づきました。死んだ人はみんな顔色悪いですからね。日本のゾンビは青になる、つまり、日本の幽霊の顔は青い、ということです）。スペインは黄色。シンガポールとブラジルは白。カナダはパステルオレンジ。ガーナは灰色でした。

もっとも、ガーナは、顔色が悪くなると顔の色が白くなり、アフリカ系なので、もともとの黒が薄くなって灰色に塗るんだ、と楽しそうに説明してくれました。アフリカ系は、灰色に塗る場合が多そうです。

鍋料理の衝撃

日本人は、**料理をシェア**します。三人とか四人で居酒屋やレストランに入って、お互いが食べたい料理を相談して決めて、みんなで少しずつ取り合って食べる。あなたが日本人なら、特別、珍しいことではないでしょう。

けれど、西洋では普通ではありません。それぞれは、自分の食べたいものを注文して、それぞれ自分だけが食べて終わるのです。

イタリア人が「我々は大皿で料理を作って、それを取り分けることも普通にあるよ。だから、シェアには慣れているんだ」と言うので、「じゃあ、ピザとかパスタもシェアするんだね」と訊くと、「いや、ピザとパスタは絶対にシェアしない」と力強く断言しました。「どうして？　シーフードピザとハム系のピザをシェアしたくならない？」とさらに訊くと、「ならない。絶対にシェアしない」ときっぱりと言いました。「だからなぜ？」と訊くと、「そういうものなんだ」とさらに強く言いました。

日本で暮らし、日本人と食事を共にするうちに、シェアすることの楽しさも分かってくるけれど、それでもやっぱり抵抗があると、多くの西洋人は言います。

「親しい間柄なら、シェアしてもいいと思うようになった」とアメリカ人女性が言いました。「じゃあ、この番組の収録が終わって、このまままみんなで食事に行こうとなったら、シェアする？」と訊きました。番組参加者は、お互い、もう数年前から知り合いになっています。彼女は全員の顔を見た後「うーん……抵抗ありますねえ……」と答えました。

その言葉にショックを受けると同時に、よっぽど親しくないと、シェアしたくないんだと驚きました。

日本人には自明のことですが、シェアには「**直箸問題**《じかばし》」が出てきます。シェアするのはいいんだけど、直箸で大皿やお互いの料理を取るのは抵抗がある、と感じる人たちの問題です。

アジアの中で、いえ、世界の中でじつは、「清潔」という観念を一番強烈に意識しているのは、日本人です。アジアを旅して、トイレ問題で一番最初に音を上げるのは、もちろん日本人です。その不潔さに耐えられないのです。

また、日本は、「**抗菌グッズ**」が世界で一番多い国です。「抗菌まな板」「抗菌ボールペン」「抗菌シャツ」などです。細菌や除菌ということに、じつに神経質なのです。もちろん「便座除菌シート」は日本人の発明ですし、世界のどの国も作ってはいません。

ですから、直箸問題を重大に考える日本人はけっこういます。

ちなみに、僕は、直箸を「JB」と呼んでいて、直箸で料理を取ってもいいと感じた時は、「JBで行きませんか。Go，JB?」と訊きます。全員が親しい間柄で、いちいち取り箸を使うことを全員がめんどくさいと感じていると思った場合です。

ついでに言うと、僕は飲みかけのビールに途中で注がれるのが苦手なので、「あ、手酌《てじゃく》でやります。TJで行きますから」と宣言します。「GO，TJ」と言うのです。こうすると、お酌をしなければと神経質になっている人も楽できるし、僕も自分のペースで飲めるので一石二鳥だと思っているのです。

お酌したくてたまらない、という人もいるかもしれませんが、特にビールは、ぬるくなってしまったビールが残っているコップにさらに注ぐわけですから、なんだかビールに申し訳ない気がしてしまうのです。

念のために言いますが、「JB」も「TJ」も英語ではないので、海外の人には通じません。えっ？　分かってましたか、そうですか。

さて、話は戻って、どんなに親しくても、例えば家族同士でも直箸に抵抗がある日本人はいるでしょう。

取り箸で子供の頃から育った女性が、直箸で育った男性と結婚して、男性の家族と食事をする時に、直箸に耐えられないと感想をもらしたりします。そもそも、家族同士でもずっと取り箸を使ってきたので、親しくなることと、直箸になることは関係がないのです。

日本人だけではなく、じつは、多くのアジア人は食物をシェアします。

アジアは直箸が主流ですが、直箸問題を解決するために、日本人がやる「逆さ箸」を嫌がる国もあります。東アジアだと中国や韓国がそうですが、箸の反対の部分は、手が触れているのだから「手の汚れ・垢」が付いているんじゃないか、と感じるのです。「食物を自然にシェアするアジア」と言っても、ひとつじゃないところが面白いのです。

シェアする習慣のない西洋人からすると、シェアすることだけでも問題なのに、その時に、自分の箸を使ってシェアする、という風景を見るのは、まさに衝撃です。それが、大皿に盛られた「肉だんご」というような、比較的食物が分離（？）しているものならまだしも、「鍋料理」という「それ、液体で全部、つながってますよね」という料理を直箸で取ろうとするアジア的現実は、きわめて深刻な問題なのです（ふう。自分で書いてて、「そこまで言うか？」と思ってしまいましたが、西洋人からすると、こういうことなのです）。

多くの日本人は、鍋料理の場合、最初は、気を遣って取り箸で取り、専用のおたまやレンゲで料理を分けると思います。が、だんだん酔っぱらってきたり、座が盛り上がったり、打ち解けてくると、直箸で鍋の中の食物を取るようになることが多いでしょう。

中国や韓国では、最初から直箸を鍋に突っ込むのが普通です。「逆さ箸」もしません。

つまり、鍋料理には「シェアすること」と「直箸を経験するかもしれないこと」という二つのハードルが、西洋人にはあるのです。

もし、あなたと一緒に鍋料理を楽しんでいる西洋人がいたら、その人はよっぽど日本に慣れたか、内心、激しい葛藤を隠しているか、あなたととても親しい関係だと思っているか、どれかでしょう。

未来の自分に向けたタイムカプセルはクール！

多くの日本人は小中学校の時に、「**タイムカプセル**」を埋めたはずです。これが、番組では驚きをもって受け取られました。

スタジオには、アメリカやイギリス、スペイン、インド、ニュージーランド、ブラジル、ガーナ、ノルウェーの国の人たちがいましたが、小学校や中学校の時に、タイムカプセルを埋めた人は誰もいませんでした。自分たちの国にはそんな習慣はないと言いました。

唯一イギリス人が、地域の行事としてタイムカプセルを経験していました。ただし、日本人は「自分たちの思い出のためにタイムカプセルを埋め」ますが、イギリス人は「僕たちは、未来の人に向かって埋める。未来のまだ見ぬ人が、ある日、開けることを期待して、タイムカプセルを埋めるんだ。僕は、『八〇年代を代表するもの』を入れたよ」と語りました。

中学校の卒業式の時に埋めて、三〇年後に集まって掘り出した人たちを番組では紹介しました。作文や学級文集を掘り出し、再会したクラスメイトたちが「懐かしいな〜」と感慨深く語り合うＶＴＲを見終わった時、八人の外国人は全員、「自分の国にもあったらいいのに」と答えました。「こんな形で、自分の小学校や中学校のクラスメイトと再会し、小学校や中学校の思い出と出合うことは、とても素敵なことだ」と口々に言っていました。

ちなみに、僕も中学三年の時にタイムカプセルをクラスで埋めました。二〇年後の一月三日に開けようと決めましたが、それから数年後、新校舎に改築する工事が始まり、ブルドーザーが土を掘り返し、あっさりとタイムカプセルは行方不明になりました。

写真好きの日本人は、なぜ家族の写真を職場に飾らないのか

もし、あなたが働いているのなら、あなたは職場に家族の写真を飾っていますか？　働いていないのなら、働いている親や兄弟はあなたが写った家族の写真を職場の机に置いているでしょうか？

多くの日本人は、家族の写真を仕事場には飾っていないはずです。

もともと、日本人は写真好きです。携帯電話（懐かしいガラケーです）にカメラ機能を世界で初めて付けたのは日本人です。そして、それをメールに添付して送れるようにしたのも日本人です。

「レンズ付フィルム」と呼ばれる使い切りタイプの、フィルムを内蔵した簡易カメラを世界的に流行させたのも日本人です。外国の日本人定番パロディーは、いまだに、「メガネ、

細目、出っ歯、カメラ」だったりします。カメラを常に首から下げているのです。

日本人は写真が大好きなのです。なのに、どうして、世界では主流になっている「**自分のデスクに家族の写真を置いてないのか**」と、多くの外国人は不思議に思うのです。

欧米はもちろんですが、アジアでも、自分の職場の机の上に、妻や子供、愛犬の写真を置くのが普通です。なのに、どうして日本人はしないの？　と言うのです。

家族の写真を置いている理由は、「自分の個人スペースなんだから、そこを快適な空間にすることは当たり前だろう」とアメリカ人が説明したことにつきます。全員がうなづきました。

「逆に訊きたい。どうして、日本人は家族の写真を置いてないの？」と言われました。あなたならどう答えますか？

「恥ずかしい」とか「プライベートな写真を仕事場に出したくない」とかでしょうか。

カナダ人が言いました。「上司に怒られてストレスがたまっても、机の上の妻の写真を見たらホッとする。ストレスが減る。だから、置いているんだよ」と。

僕は訊きました。「妻の写真を見て、ホッとするの？　妻の写真見て、ストレスが増えることないの？」。

番組に参加した外国人は「こいつはなにを言ってるんだ」という冷たい目で僕を見まし

た。ニードルカーペット、いえ、針のムシロに座っているようで、いたたまれませんでした。

日本人は泣くのが好き？

番組では「**泣けるグッズ**」というものを紹介しました。CDショップの棚に書かれている「泣けるCD」とか、レンタル屋さんの「泣ける映画」、本屋さんの「泣ける本」フェアなどの企画です。

これに対して、ほとんどの外国人が、「まったく理解できない」と声をあげました。

「本当に**日本人は泣くことが好きだし、よく泣くよね**」と外国人たち。

「スポーツで負けて泣くのはまだ分かるけど、勝って泣くのが分からない」「結婚式で泣いているのが分からない。ハッピーな瞬間に、なんで泣くの？」「テレビを見ていたら子牛が生まれたと言って泣くの。どうして？」「企業の人が泣きながら、失敗を詫びていた。信じられない」

「泣くこと」が理解できない、というコメントが続々と出されました。

アメリカ人女性が言いました。「アメリカでは、泣くことを良しとするものなんて、絶対に絶対に絶対に絶対にありません！」。

中国人女性が言いました。「中国の男の子は人前だけではなく、家でも泣くなと教えられるの」。フランス人女性が言います。「フランスでは男も女も人前では泣かないようにするわ。泣くのはプライベートなことだから人に見られたくないのよ」。イタリア人男性が付け加えます。「例えば、サッカーの試合では勝っても負けても泣いてはダメなんだ。人前で泣くと負けだ、という考えがあるんだ。泣くほど弱いと思われると、周りから信用されないし、つけ込まれやすいと思われるんだ」。

じゃあ、どういう時なら泣いていいんだ？　と突っ込むと、「そんな時は思い浮かばない」と全員が言いました。

「涙」は、特に西洋では「弱さ」の象徴であり、「この物語は泣ける」は、売り文句にはならないのです。

企業の謝罪会見を見た西洋の人たちは、「泣いている時間があったら、なにをするのか早く言うべきだ」と思うそうです。そもそも、「謝る前に、どんな対処をするのか、我々の国では言う」とも語っていました。

「泣く」ことは、多くの日本人にとってはクールなことでも、海外ではまったく逆なのです。

麺を食べる時に音を出すのは日本人だけ？

食物をシェアする時の直箸は日本だけではなく、アジア一般の現象ですが、「**麺を食べる時に音を出す**」のは、間違いなく日本人だけの特徴です。

私たち日本人はそばもラーメンもうどんも、すすります。すすって音を出します。西洋でパスタをすすったらエチケット違反になります。けれど、アジアはすするだろうと思っていたのです。

ところが、中国人がラーメンを食べる時も韓国人が冷麺を食べる時もフィリピン人が汁ビーフンを食べる時もインドネシア人がミーゴレンを食べる時も、すすらないのです。番組では彼らアジア人はじつに静かに母国の麺を食べるのです。

これは驚きでした。「**ラブホテル**」や「**入社式**」や「**運動会**」「**パチンコ**」など、日本発のものがアジアで取り入れられ始めている中、アジア人は頑としてすすらないのです。

科学的には、すすって食べた方が美味しいと番組では研究しました。すすると、少量のスープが麺と一緒に口の中に入り、味が豊かになるのです。なおかつ、空気も一緒に吸うので、匂いが鼻と口に広がるのです。

江戸時代、屋台のそばを食べる時に、せっかちな江戸っ子が時間がないってんで、すすったのが始まりかもしれないと、番組では推理しました。で、すすってみると、口に含んで噛むよりも何倍も美味しいことに気づいたんだと思います。

ちなみに英語ですするは「slurp（スラープ）」と言います。そして、外国人は西洋東洋問わず、すすれません。技術的にやろうと思ってもできないのです。ワインのテイスティングの時にすするでしょう、と言っても麺ではできないのです。麺がすすれるようになると、外国人は「おっ、日本人になった」と思うのです。日本人が英語の夢を見た時に「おっ、英語に開眼したか」と思うのと似ていますか、どうですか？

できないからか、聞いたことがないからか、「麺をすする音」がダメな外国人は多いです。話を聞いてみると、「ガラスや黒板に爪を立てて掻《か》きむしった音」ぐらい生理的にダメな音に分類されているようです。「キキーッ！」というあの音です。それが、すする音と同類なのです。大変なことです。

海外で、無意識にパスタをすすっている日本人は、それぐらいの音をレストランで出していることになります。ほとんどの外国人は、人がすする音を聞きながらだと、食事は絶対に無理だと言います。

日本人はなぜ消臭したがるの？

世界中で日本人だけが麺をすする。なんとも不思議なことです。

細菌の繁殖を抑える「抗菌グッズ」は日本人が大好きだと書きましたが、清潔の国日本では、消臭スプレーや消臭剤などの「**消臭グッズ**」も「抗菌グッズ」と同じぐらいポピュラーです。ただし、これに対しては否定的な意見が続きました。

まず、インド人女性が「インドには芳香剤はあるけど消臭グッズはありません」と答えると、ブラジル人女性が「ブラジルではいい匂いを足さないとダメなんだけど、日本だと匂いがない方がいいのね」と話し、メキシコ人男性が「それは日本人が匂いに敏感だからだよ。ヒゲそりあとのローションをつけていただけなのに、僕は日本人の上司から『君は臭い。頭痛がする』って言われたんだ。香水じゃないんだよ。化粧水、ローションで言われたんだ」と信じられないといった顔で語りました。

香水を何本ぐらい持ってますか？　という質問では、イギリス人男性やメキシコ人男性、ブラジル人女性たちの平均は三本。五本以上持っていると答えたのは、ロシア人男性とイタリア人男性でした。ビジネス用とかパーティー用とかに使い分けるのだそうです。

「消臭グッズ」をクールだと思ってくれる外国人には今のところ、残念ながら出会っていません。

マスク問題

番組では、「どうして**日本人はマスクをするの？**」という外国人からの疑問も取り上げました。

麺をすするのが世界で日本人だけのように、マスクを一般人がして歩くのは世界で日本人だけなのです。

特に冬、日本に来た外国人は、マスク姿の日本人があまりに多いことに驚きます。「医者か保健所の人がこんなに多いの⁉」と理解できない顔をするのです。「疫病の流行か⁉」と怯《おび》えたと、アメリカ人女性が真顔で語りました。

二〇〇九年にカナダに修学旅行に行った高校生がインフルエンザにかかり、現地でマスクをつけさせなかったと引率の教師と校長がマスコミに責められたことがありました。先生は「現地で誰もマスクをしてなかったので……」と消え入りそうな声でマスコミに語っていました。マスコミは、「それでいいと思っているんですか⁉」と声を荒らげていました。

でも、的確な判断だったと思います。もし、マスクをつけた何十人何百人という高校生の集団がナイアガラの滝周辺に出現したら、それだけでカナダでは大ニュースになっていたでしょう。「医学関係者の子供の行進」とからかわれたか、「理解不能の行動」と不気味がられたか、「インフルエンザ大パニック」とバカにされたか。いずれにしても、マスクをつけるという習慣がない国では、なんの理解も得られなかったと思います。

マスクは風邪のウィルスを通す、と言われています。具体的に風邪を防ぐ効果はない、ということです。ただ、マスクをすることで、風邪を予防する効果はあります。口の中の乾燥を防ぎ、温かい空気を呼吸することで、風邪のウィルスの繁殖を防ぐことができるのです。

番組の中で外国人にマスクをつけてもらいました。全員が、呼吸がしにくくて苦しいと語りました。「でも、大きな口でくしゃみをされたら嫌だろう？　マスクがあるから、ツバも飛ばないんだよ」と言うと、「そういう時は、服の袖口や手で口を押さえてくしゃみをする」と答えました。

こんなマスクもあるんだよと、プリント柄やアニマルのデザインや立体型のものも紹介しましたが、外国人は興味がなさそうでした。「ほら、日本人はいろんなマスクを開発して、他人に迷惑をかけないようにしているの。仕事に行っても、こんなマスクだと周りも楽しいでしょう」と言うと、フランス人女性が「風邪をひいたら、会社を休めばいいの」と当然の顔をして答えました。少し、殺意がわきました。そうできないから、日本人は苦労しているんだと、ノドまで出かかりました。

変わった意見だと、「すっぴん隠しのために、マスクをしている」という日本人がいました。はっきりとは言いませんでしたが、明らかに「コミュニケイションが苦手だからマスクをしている」という人もいました。マスクをすると、一応、逃げられるような気がするのです。最近、受付とかカウンターとか、接客の現場でマスクをしている人が増えてきました。本人は、お客さんのために気を遣っていると思っているのでしょうか。僕は、どうも、話している相手の顔がよく分からないのでかえって不安になります。あなたはどうですか？

ストレスをためるのは日本人だけ？

一度、番組で「ストレス」に関する特集をしました。日本には「ストレス」を癒すグッズや施設が多い、という内容でした。サウナとかマッサージチェアとかヒーリングCDとか、です。

「このグッズ、どう思う？」と外国人に訊くと、スペイン人が「まったく必要ない」と答えました。「じゃあ、ストレスがたまったらどうしてるの？」と訊くと「僕、ストレス、感じたことないから」と言い放ちました。

「ちょっと待て、それはいくらなんでも嘘だろう」ともっと詳しく訊くと、「ストレスをためることがない。だから、こういうグッズは必要ない」ということでした。

驚きながら、「みなさんはストレスをためないの？」と訊くと、スタジオにいた外国人全員がためない方に手を挙げました。アメリカ人、イギリス人、中国人、フランス人、メキシコ人、オーストラリア人、イタリア人、スペイン人でした。

イタリア人女性が「ストレスはあるけど、すぐに解消するわ。その場でできる限り、ストレスがたまらないようにするから」と説明しました。中国人女性が「中国では上司に言いたいことを言えるわ。そういうオープンな雰囲気があるの。でも、日本ではそうはできないのよね」と少しつらそうに言いました。

「一番の違いは、**日本人はストレスを忘れようとする**のね。でも、私たちはストレスの原因を解決しようとするの。日本人は飲み会やオフ会で忘れようとするけど、それは一時的なものよ。またストレスはぶり返すわ」とイタリア人女性。

「日本人は他人と気軽に話さないけど、イギリスは違うよ。スターバックスで初めて会った人から仕事の愚痴を聞かされることもあるんだ」とイギリス人男性。詳しくは後述しますが、これは、「世間」がなく「社会」だけのシステムだから起こるのです。

「でも、嫌な上司がいて、嫌な言い方をされるたびに、毎回、ストレスをためないように戦っていると、余計ストレスがたまらないかな？」と訊くと、「うん。そうなったら会社をやめるんだよ」とフランス人男性が当然のように言いました。スタジオの外国人全員がうなづきました。転職が簡単な社会だと、こういう言い方になるのでしょう。

「でも、まず話し合うことが大切なんだ」とフランス人男性は付け加えました。

外国人から見ると、日本人はストレスが起こる相手や原因に対して、充分に話し合ってないように見えるようです。とにかくストレスの原因や根本に向き合わないで、ストレスを忘れるためにいろんな工夫をしていると思う、と外国人は言いました。

ただ、「西洋では転職は簡単」と書きましたが、四〇代五〇代になっていくと、希望する職種や給料との折り合いで、西洋でも転職率はぐっと減ります。そうなると、スペイン人でもストレスは感じるようになるかもしれないと思うのですが、これは「ストレスをため込む苦しさを、あなたにも感じて欲しい」と願う日本人の貧乏根性（？）でしょうか。

「ちゃんとする」の基準

日本人がストレスを感じるのは、「言いたいことを言わない」というのもあると思いますが、「ちゃんとする」という使命感が原因だとも思います。「ちゃんと」しようとする、ネガティブに言えば強迫観念か刷り込みです。

僕がイギリスに住んでいる時、秋の終わりの一週間、奇跡的に良い天気が続きました。

ロンドンとは思えないぐらい青空で、みんな昼休みに公園でサンドイッチなどの昼食を取り、のんびりと過ごしました。結果、銀行や郵便局、会社などの午後の開始時間が遅れている、とテレビのBBCニュースになりました。テレビのキャスターは、半笑いしながら、「イギリス経済に影響が出ている」と伝えていました。しようがない、というニュアンスです。

僕は「ちゃんとしていると思われているイギリス国民でも、天気が良ければ一時間の昼休みを一時間一五分とか一時間半とかに勝手に延ばすんだから、スペインとかイタリアとかのラテン系の国はどうなるんだろう?」と震えました。

あなたも知っているように、日本人はこんなことは絶対にないです。どんなに天気が良くても、一時間の昼休みは一時間です。そもそも、接客業で従業員が一斉に昼休みを取るなんてことはありえないでしょう。交代で昼休みを取って、「ちゃんと」働きます。お客さんのためには、自分の空腹は簡単に犠牲にするのです。

スペイン人がJRの八月分の時刻表を見て、しみじみと「スペインでこの雑誌を作ろうと思ったら、八月まる一ヵ月かけてもまだ出来上がらないだろう」と断言しました。八月の時刻表は、一〇月ぐらいに完成すると言うのです。ちゃんとしようと思ったら、それぐらいの時間がかかる。だから作らない、と言うのですラテン系の人たちは「ちゃんとする」という使命感がないのかなあ、だからストレスがたまらないのかなあと思っていたら、番組に出ていたイタリア人女性が、数ヵ月前に日本人男性と結婚したばかりで、愛についてじつに「ちゃんとする」要求をしていました。

彼女は「愛している」と毎日言うことは当たり前だと当然のように言いました。もちろん、毎日、キスするのも当たり前です。

夫の日本人男性がスタジオに見学に来ていたので、思わず「大変でしょう」と同情の声で話しかけると「いえ、勉強ですから」と、じつに日本人らしい言い方で微笑みました。さすが「**生涯学習**」の日本人だと、僕は唸りました。

僕が三八歳でイギリスの演劇学校に留学した時に、「一生勉強ですから」と理由を言ったら、イギリス人が真顔で「勉強に来たと言ったら、お前のことを周りは低く見る。お前は、日本で二〇年近く演出家のキャリアを積んでいるんだろう。そういう人間は、『勉強』のために来たと言ってはいけない。『調査《リサーチ》』のために来たと言え。この違いは大きい」とアドバイスしてくれました。

日本人からすると、「一生、勉強を続ける」が普通ですが、それだと未熟な人だと思われてしまうのです。

さて、イタリア人女性に、「愛してると言い忘れたり、結婚記念日とか誕生日とかを忘れたら離婚なの？」と訊くと、「離婚する時は、私に好きな人ができた時だけ。それ以外は、プレゼントをもらうの。それでいいの」と当然のように言いました。

日本人男性に「プレゼントだそうですよ」と話を振ると、「はい。もう何回か渡しました」と答えました。

「ちゃんとしてない」というイメージのラテン系のイタリア人ですが（いえ、イメージですけどね）、恋愛に関してはじつに「ちゃんとしている」と思いました。恋愛には「サプライズ」が必要で、そのためにはいろんなことを考え、用意するイタリア人は、じつに細かいのです。

「ちゃんとする」ことにさんざん気を遣い、喫茶店に入ればお水とおしぼりが自動的に出てくるという世界に例のないシステムを作り、劇場では芝居が終わった後に、「お忘れ物がないようにお気をつけてお帰りください」という劇世界の余韻をいっぺんにぶち壊し現実に引き戻すようなアナウンスまでして観客を心配する日本人は、けれど、恋愛においては、毎日「愛してる」などとは言わず、おでかけのキスもせず、誕生日にサプライズを用意することもなく、結婚記念日は自然と忘れていくのです。

全然、「ちゃんと」していません。

まるで「日本人は時間を守るって言うけど嘘だよ。だって、終業時間を誰も守ってないもの。会社は六時までだっていうのに、みんな、八時とか九時までダラダラいるよ」と困惑する外国人の言葉みたいです。なにを「ちゃんとして」なにを「ちゃんとしない」かの、大きなズレがあるのです。

「わび・さび」の意味を知っているのは外国人？

突然ですが、あなたは「**わび・さび**」がなにか説明できますか？　日本の文化と言えば「わび・さび」と言われています。

番組で日本人に街頭インタビューすると、ほぼ全員が「いえ……よく分からないです」と戸惑いました。日本に来ている外国人に訊くと、「シンプルであること」「なにも持たないこと」「少ないことに幸せを感じること」「わび・さびは日本文化の中心です」と次々に答えました。

僕はイギリスの演劇学校でクラスメイトのスティーブから「わびとさびはどう違うんだ？」と質問されて悶絶したことがあります。『広辞苑』をひけば、「わび」は「閑寂な風趣。茶道・俳諧などでいう。さび」と出ています。「さび」と言ってしまってるのです。一方、「さび」は「古びて趣のあること。閑寂なおもむき」と書いています。あなたはこの違いが分かりますか？　私はまったく分かりませんでした（『広辞苑』ともあろう辞書が、「わび」を「さび」と言ってるんですから、大変なことです。だったら、なぜ、「わび・さび」とわざわざ別に言うのか。謎です）。

番組では、あなたの感じた「わび・さび」の写真を撮ってきて欲しいと外国人に頼みました。

まず、チリ人女性は、カウンタースタイルで細かく一人用に衝立《ついたて》で仕切られたラーメン屋さんの写真を持ってきました。『一蘭』という博多発のチェーン店です。「店員の姿が見えないのは能の舞台を見ているようだし、誰とも話さず、私とラーメンだけの空間が、わび・さびなんです」と説明しました。よく分かりませんでした。でも、日本文化が大好きなイギリス人男性が激しくうなづきました。

そのイギリス人男性が選んだのは、家具やベッドがない和室の空間でした。寝る時に布団を敷き、ご飯を食べる時にちゃぶ台を置く。そして、終わればすべて取り去り、なにもない畳の空間になる。それが「わび・さび」だと彼は力説しました。もともと、彼はロンドンで谷崎潤一郎の『陰翳礼讃』の英訳を読んで感動して「わび・さび」を感じたというのですから、筋金入りです。

フランス人男性は「**玉子かけご飯**」に「わび・さび」を感じると言いました。「フランス料理は調味料を多用するけれど、日本料理はシンプルです。これは、ご飯と玉子と醤油《しょうゆ》だけなのに、美味しいです。シンプルなのに美味しい。ここに僕は『わび・さび』を感じるんです」と言いました。ちょっと説得されかけました。

オーストラリア人女性は、ホームタウンの町に「WABI　SABI（わび・さび）」という名前のレストランがあって、どういう意味なのと日本人の友達に訊いたけれど、誰も答えられなかったと言いました。彼女は、日本のアニメが大好きになって日本に来たオタク（英語では、「geek〈ギーク〉」または「nerd〈ナード〉」と言います。オタクと同じで、あんまりポジティブな意味ではありません。人から言われて、その通りなら、「とほほ」な微笑みを、違う場合はムッとして「違うよ」と言い返す単語です）でした。

間違いなく、世界で「わび・さび」は有名で、日本人より外国人の方が意味をたくさん知っている単語でした。

外国人が「自分が日本人になったと思う瞬間」

番組では、日本滞在の長い外国人に、「自分が日本人になったと思う瞬間」というアンケートを取りました。

「ほめられた時、『**いえいえいえ**』と**謙遜した瞬間**に、日本人になったと思う」とアメリカ人男性が答えました。

西洋人は、例えば、友達が素敵な服を着ていると思うとすぐに口に出します。そして、言われた方も素直に喜びます。ほめ上手だし、ほめられ上手なのです。

ただし、英語では、「I like your jacket.」のように「私はあなたのジャケットが好きだ」というほめ方をします。日本語だと「その服、いいね」となります。英語の表現の方が言うハードルが低いと感じませんか？「私は好きだ」というのは、誰がなんと言おうと自分が感じたことです。ですから、簡単に言えます。でも、「それ、いいね」という言葉は価値判断を含みます。自分はいいと思っていても誰かが良くないと言う可能性があるのです。でも、「好き」は感情判断です。自分の感情を語るだけです。良い悪いの価値判断はしていないのです。

日本人がほめ下手・ほめられ下手なのは、日本語のこの言い方と関係があるんじゃないかと僕は時々思います。

「故国の実家に帰って、**家に入る時、思わず靴を脱ぎそうになった瞬間**」とイスラエル人女性が答えました。その方が清潔で快適なことを、徐々に世界は知っていくでしょう。

「**日曜日に出勤しない同僚に怒りを覚えた瞬間**」とスペイン人男性が答えました。パーティーに三時間遅れて行くスペイン人が言うんですから、よっぽど日本人化したのだと思います。

「**車がいない交差点でも信号待ちしている自分に気づいた瞬間**」とイギリス人男性が答えました。

西洋では普通、右見て左見て、まったく車が来ていなければ、信号が赤でも渡ります。車が来てないからです。ほとんどの日本人は、右見て左見て、全然車が来てなくても、じっと信号が青に変わるのを待ちます。日本に来たばかりの外国人は、これがじつに奇妙な風景に感じるのです。「どうして、車の姿が見えないのに待つんだ？」と理解できないといった顔をするのです。

「**携帯電話で話しながら、お辞儀をしてしまった瞬間**」とカナダ人男性とシンガポール人女性が答えました。

「**トイレに入って便座のフタが自動で開かなくてガッカリした瞬間**」とイギリス人男性が言いました。日本人化の高度なレベルです。

「**美味しい食べ物を見て、思わず、写真を撮ってしまった瞬間**」とアルゼンチン人女性が言いました。スマホの「自撮り」は、英語では「ｓｅｌｆｙ」と言い、世界中で流行しています。ｓｅｌｆｙして、ｆａｃｅｂｏｏｋやｔｗｉｔｔｅｒにあげています。が、食べ物だけの写真を撮るのは、世界中で日本人がダントツなのです。世界中のブログを覗《のぞ》いてみれば分かります。ｓｅｌｆｙはたくさんあっても、食べ物だけの写真は本当に少ないのです。多くの外国人は、食べ物と自分を撮るのです。食べ物を前に驚いている自分、喜んでいる自分、感動している自分です。

「**アメリカに帰ると食事の量が多すぎて、残した瞬間**」とアメリカ人男性が言いました。胃袋はだんだんと小さくなるもののようです。体質は変わるのです。日本滞在の長いインド人が、「インドに帰ると水が合わなくて、お腹を壊すんですよ」と言った時は吹き出しました。

「ニュージーランドに帰って、**タクシーに乗る時に、ドアが開くのを待ってしまった瞬間**」とニュージーランド人女性が言いました。

番組では、タクシーのドアが自動的に開くことを「日本人のおもいやり」として紹介したのですが、外国人はそれほど感動していませんでした。乗る時はいいのですが、降りる時に「自分の降りたいタイミングではなく、運転手さんのタイミングでドアが開くこと」がどうも納得できないと語りました。

「じゃあ、開けますよ。お忘れ物ないように」という手順が、もどかしいようでした。

この「自分が日本人になったと思う瞬間」というシリーズは、番組だけではなく、定番のものです。ネットを調べればいろいろと出てくるでしょう。日本人とはなにか？　ということを逆から考えられるから、面白いと思います。

ちなみに日本人に対して「自分が日本人だと自覚した瞬間」という質問もできます。あなたはなんですか？

僕が生まれて初めて「ああ、自分は日本人なんだ」と思ったのは、二〇代の頃、アメリカ旅行をしている時でした。

仕事だったのですが、三週間ほどアメリカを回り、一緒の日本人たちは「カレーライスが食いたい」とか「お茶漬けが恋しい」とか「日本のテレビが見たい」とかうずうずしている時に「食事はべつにパンとか肉とかで充分だし、米はなくてもいいし、日本のテレビや週刊誌もなくても平気だし、なに、俺ってけっこうコスモポリタン（国際人）？」と舞い上がっていました。

ですが、ふらりとチャイナタウンに入った時、漂ってきた醬油の匂いに全身が雷に打たれたように震えました。醬油の匂いに、胃の奥深くまで鷲掴《わしづか》みにされて振り回されたような感覚でした。僕は思わず、「醬油を使った料理が食べたい」と心底思いました。そして、自分の体にこんなにも醬油というものが染み込んでいることに驚いたのです。それが、自分がいかに日本人なのかと自覚した瞬間でした。醬油の匂いから自由ではないこと。醬油の記憶が体の芯まで染み込んでいること。それが、僕にとっては、自分が日本人であるということの最初の覚醒でした。

あなたは、「自分は日本人なんだ」と自覚した瞬間がありますか？　それはなんですか？

その後、ロンドンに一年間住んだ時は、日本から送られてくる週刊誌をむさぼり読んでいる時、つまり「日本語に飢えている自分」を発見した時が二回目の「自分が日本人だと自覚した瞬間」でした。

第三章　日本は世間でできている

定年後のお父さんを笑われてムッとする

番組で「**定年**」を特集した時のことです。

何人かの外国人には、「年齢によって強制的に退職するシステム」である「定年」がじつに不思議なものとして映ったようです。

世界には定年制度がある国とない国があります。

アメリカは、知っている人も多いと思いますが、定年はありません。年齢による差別を避けるために、就職の時も退職の時も、年齢を理由にしてはいけないのです。

イギリス、カナダ、オーストラリアにもありません。

フランス、ドイツは六五歳。ただし、平均退職年齢がドイツは六一・七歳、フランスは五九・三歳です。つまり、定年いっぱいまで勤める前にやめる人が多いということです。

韓国は現在五五歳ですが、二〇一六年からは六〇歳になります。中国は男性六〇歳、女性五〇歳（幹部クラスは五五歳）。韓国や中国では、定年になるまで働くのが普通のようです。

「年金受給年齢になると、退職する」というのが、世界的な傾向です。

欧米はもちろんですが、韓国も中国も、定年後はゆっくりするというのが基本です。定年がある国は定年を楽しみに待ち、定年がない国は経済的に見通しが立てば退職し、人生の後半を悠々自適に過ごす。それが、いわば、世界の普通の風景です。

ですが、番組で紹介した日本の定年後の様子は、世界の常識とは違っていました。

多くの日本人は（ほとんどが男性ですが）、六〇歳で定年退職した後、次の仕事を探します。シニア向けの職業訓練校も紹介しました。ホテルマンやメンテナンス、接客の授業を受ける六〇歳に対して、多くの外国人は理解できないという顔をしました。

経済的な理由で働くのなら、まだ分かるようです。日本の年金受給年齢（満額）は六五歳ですから、六〇歳で退職してからの五年間を経済的に支えたいから働く、というのなら外国人も理解できます。が、定年退職後に働く日本人は、経済的不安というより、「働きたいから働く」と番組で答えました。

「働くことが生きがいだから」とか「仕事をすることが当然だから」とか「社会とつながっていたい」という理由です。

西洋人も東洋人も、その言葉に全員、理解できないという顔をしました。

番組では、定年後に働く人だけではなく、ボランティア活動をしているシニアも取り上げました。定年後に、公園や駅前にある銅像を洗って回るボランティア・グループに入っている男性を紹介しました。銅像は、鳩のフンや雨風で汚れていますから、それをひとつひとつ丁寧に洗って回る活動です。

VTRを紹介した時、オランダ人男性が爆笑しました。定年後に、社会奉仕という生きがいを見つけ、一生懸命に銅像を洗っている六〇代の男性の姿に大笑いしたのです。さすがに僕はムッとしました。正直に言うと、怒りさえ感じました。

ここで裏話を語ると、テレビというのは、派手にしてナンボです。クイズ番組に出れば、ディレクターから「鴻上さん、『絶対勝つぞー！　××さんなんかに負けないぞー！』って、叫んでください」なんて言われます。対立を煽《あお》る構図を求められるわけです。

バラエティー番組だと、誰かのロケレポートを見た後、「まあ、こんなもんなんじゃないの」と思っていても、ディレクターから「鴻上さん、『こんなんじゃ、全然、ぬるいよ！』と突っ込んでください」なんて普通に言われます。

とにかく、感情が動く方法で〝演じて〟くださいと言われるのです。

僕はこれが苦手です。本当にぬるいものはぬるいと突っ込めますし、あいつだけには負けたくないと思う人がいれば、本気でそう思って言いますが、いつもいつも、そうはいきません。内心、「いいんじゃないの」と思っていても「全然、ダメだよお！」と突っ込むことを求められるのです。

こういう時、映画やTVドラマで描かれるディレクターは、偉そうだったり、ニヤニヤ笑って、いかにもテレビ屋というイメージで指示を出していますが、現実のディレクターさんは、じつに必死な切ない顔で迫ります。こっちも、「聞いてあげないとなあ。大変そうだなあ」なんて思わず同情してしまうぐらい、一心不乱の顔なのです。

でも、本心から離れたことは言いたくないので、だんだんと、そういう番組に出るのは嫌だなあと思うようになります。つまりは、「嘘でムッとしたくない。嘘で怒りたくない。嘘で興奮したくない」ということです。

で、なにが言いたいかというと、番組『ｃｏｏｌ ｊａｐａｎ』の司会を始めて九年、僕は何回も、「本気で興奮して」「本気で怒って」「本気でムッとした」ことがありました。テレビに出て、こんなに本気で感情を動かしたことはない、というぐらい本気になるのです。自分で自分に驚きました。自分の中に流れる「日本人」という血でしょうか。海外で外国人俳優を演出して芝居をしたり、世界を三〇ヵ国ぐらい旅していたり、自分では平均的日本人よりはコスモポリタン（と、自分で言うのもなんだか恥ずかしいですが）だと思っているのに、思わず興奮してしまうのです。

自分で軽口として「ほんとに日本人は精神的に自立してないんだよなあ」と言ってるうちは平気なのですが、外国人から「日本人はほんとに精神的に自立してないですよね」と面と向かって言われると、「ほお、じゃあ、君たちは本当に自立していると言えるのかね」とムッとする感覚と同じです。同じことでも、自分から言うのと人から言われるのでは、ずいぶん、印象が違うのです。

で、定年退職したお父さんが、必死で公園の銅像を洗っている姿に大爆笑したオランダ人男性を見た時も、僕は本気でムッとしました。思わず、「なにがそんなにおかしいの？」と語気荒く訊きました。

オランダ人男性は笑った後、「だって、社会とつきあう前に、自分の家庭とつきあうべきでしょう。社会から必要とされる人間になる前に、家族から必要とされる人間にならないと」とあっけらかんと言いました。その瞬間、僕とスタジオの日本人男性スタッフ、そしてテレビの前の多くのお父さんが「アイタタタッ」と呻《うめ》いたでしょう（はい、僕は呻きました）。

外国人たちは口々に「自分や家族のために、定年後は時間を使うべきだ」と強く言いました。「人生を楽しむのが苦手なんじゃないの？」とまで言ったマレーシア人もいました。

「家族や友達と過ごすことに楽しみを見いださないとつまらないと思う」とイギリス人が言い、アメリカ人とフランス人と中国人が強くうなづきました。

「なぜ家族に求められる人間じゃなくて、他人に求められる人間になろうとするの？」と、スペイン人もまったく理解できない顔で言いました。

スタジオにいた僕も男性スタッフも、この時だけは、しみじみと考えてしまいました。日本の「定年」の風景は、退職当日の花束贈呈や会社を離れる淋しさやその後の生きがいの喪失や再就職探しなど、どれも外国人にはじつに不思議に映ったようでした。

入社式はなんのためにあるのか

番組では、続いて「**入社式**」を取り上げました。

「定年」がそんなに不思議なら、「入社式」も同じかもしれないと考えたのです。

結論からいえば、「入社式」は、日本独特のものでした。欧米にはありません。アジアも基本的にはありません。入社式を行い、その時になんらかのセレモニーがある、というのは、日本独特なのです。アジアで、「入社式」のようなものが行われる時がありますが、それは、日本の「入社式」に影響を受けたものなのです。

「入社式」が成立するためには、「新卒一括採用」というシステムが必要です。「新卒一括採用」という言葉も、その弊害も、最近はずいぶん知られてきました。新卒の人たちが、同時に、同じ時期に入社するから、「入社式」が行えるのです。

西洋のように、入社する時期はバラバラ、大学を出て自分が希望する時に就職する、キャリアアップの転職が主流のシステムだと「入社式」はしようと思ってもできません。

番組で「入社式」を取材に行った外国人は、まさに「理解できないものを見る」という顔をしていました。みんなが同じ色のスーツを着て、「社歌」というものを歌い、新入社員代表が決意を語り、企業によっては新入社員全員で体操をする——。見せ物としては面白いですが、「どうしてこんなことを!?」と混乱した顔をしました。まるで、知らない宗教の儀式を見るようでした。

どうして日本の企業は「入社式」をするのか？　それはつまり、「入社」することが特別なことだから、入社式という「儀式」が必要になるのだと思います。会社というコミュニティーに入ることを強調する意味があるから、儀式を必要とする、ということです。

その会社に入っても、有利な条件があればいつでも転職すると思っていれば、それは特別なことではありません。その会社にずっと勤める、その会社の正式なメンバーになる、と思うから特別な儀式を必要とするのでしょう。

つまりは、日本独特の「終身雇用制」が「入社式」の存在と密接に関係があるんじゃないかと考えました。

関口功『終身雇用制　軌跡と展望』（文眞堂）という、日本の終身雇用制に関する優れた研究書では、終身雇用制の起こりは、戦前と戦後の二つの流れがあると紹介しています。

日本も昔から終身雇用が主流だったのではなく、大正末期から昭和初期、熟練工の転職率はきわめて高く、五年以上の勤続者は一割程度だったと言われています。その結果、大企業や官営工場が足止め策として、定期昇給制度や退職金制度を導入し、年功序列を重視する雇用制度を始めたのです。ただし、この時期は、明文化された制度としてあったわけではなく、経営側は一方的な解雇権を持っていたとされます。

戦中、終戦直後は、一時、終身雇用制は衰退し、戦後、高度経済成長の時代に、労働力不足をおぎなうために、大企業において長期雇用の慣習が一般化しました。経営者の解雇権の行使も制限されるようになり、戦前までは慣行であった終身雇用が制度として、日本に定着したのです。

そして、大企業を中心に大規模な「入社式」が行われるようになったのです。日本伝統の行事のように感じますが、戦後のことです。

現在、「終身雇用制度」は「年功序列制度」と共に維持するのは困難だと言われるようになりました。

けれど、「終身雇用」は崩壊しても「長期雇用」の慣習が残っている限り、入社式は続くだろうと思います。日本の若者は転職することが多くなりましたが、それでも、現在、日本の転職率は欧米の半分ほどなのです。アジアの転職率も、日本よりは高くなっています。

じつは、『終身雇用制　軌跡と展望』の序には「わが国に終身雇用はないという有力な主張がある。新規学卒者を年功序列的に昇進させていけば、組織のピラミッド型を維持するために従業員を逐次、排除しつづけなければならない。即ち彼等にとって終身雇用は成立しないというのである」という説を紹介しています。じつに素朴な意見ですが、説得力があります。新卒一括採用された人が、全員終身雇用されていては、新入社員と同じ数の五〇代の社員を抱えてしまうということです。それでは、いかに大企業とはいえ、給与体系を維持することは不可能でしょう。

この意見に対して著者は「わが国企業に終身雇用がない、これについては同感であり、尤もと考える」とします。そして「しかし、終身雇用が存在しえないからこそ、終身雇用制がのぞまれ存在するのであると考える」と答えています。

詭弁《きべん》に聞こえるかもしれないが、これは詭弁ではないと著者は説明します。企業が有機体である以上、環境が変われば、企業自身を変えて、とにかく生き延びることを目指すのは当然のことです。いろいろなことがあるでしょう。ただ、終身雇用は働く側からすれば一生の「生活保証」であり、企業側からすれば「蓄積された技能の持主である従業員の定着は生産の増大と労務費用の節減に結びつく」ものであり、お互いにとって望ましいものです。つまり「終身雇用制」とは、経営者と労働者双方が作り上げた望ましい制度なのです。どんなに実現困難でも、実現して欲しいと双方が願っている制度なのです。

つまり、不可能かもしれないけれど、あって欲しいと望むもの――それが「終身雇用制度」なのです。このニュアンスは、どこか宗教的です。実現困難を意識しながら、熱烈に望まれているもの――宗教が言い過ぎなら、ユートピア願望とか救済への熱望と言ってもいいでしょう。

そういうものには、「儀式」が必要なのです。人間が儀式を求める時は、その存在を精神に強く刻みつけたい時です。そして、実現が危うければ危ういほど、根拠が薄弱であればあるほど、その存在を実際以上に強調したいと思えば思うほど、儀式は派手になります。王の戴冠式も貴族の結婚式も独裁者の閲兵式も法主の就任式もイベントの開会式も、本質が脆弱《ぜいじゃく》だったり、本質をそのまま披露するだけでは強く心に刻めなかったり、当事者たちが不安だったりすると、儀式は派手になるのです。

「終身雇用制」が実現困難だからこそ、日本の大企業は終身雇用の入口であるスタートに、「入社式」という「儀式」を派手に作り上げたのではないか——。僕にはそんなふうに思えるのです。

では、「終身雇用制」は不可能だと分かっていながら、どうして日本人は「長期雇用」を選び、積極的に受け入れるのでしょうか。

ここで、僕の持論、**「世間」**の話をさせてください。

世間と社会

「世間」は日本独特のものです（僕の『「空気」と「世間」』を読んでくれている方は、この部分は飛ばしてください。「世間」のおさらいを少しします）。

「世間」とは、あなたと人間的関係や利害関係のある人たちのことです。

対抗する概念は「社会」です。「社会」は、あなたと人間的な関係も利害関係もない人たちのことです。

ご近所や会社、学校、趣味の仲間は「世間」です。街で、偶然、肩が触れ合った相手は「社会」です。日本人は、都会の雑踏で、肩が軽く当たったぐらいでは、いちいち、謝ったりしません。相手が「社会」に生きる人だからです。ですが、もし、その相手が会社の同僚とか近所の知り合いの場合は、態度を急変します。深く謝ったり、心配したり、微笑んだりします。相手が「世間」に生きる人だからです。

西洋では、もちろん、肩が軽く当たったら必ず声をかけます。軽い謝りの言葉です（そうしない人は通常の社会に生きてない人、と見なされます）。

欧米では「世間」と「社会」という分類がなく、すべてが「社会」です。声をかける相手とかけない相手の区別がないのです。

前述したように、第四ラテラノ公会議の告解の決定などを通じて、キリスト教が強力になり、神以外の人々の持つ「強力なつながり・親密な集団」を消滅させたのです。人々は神の前にすべて均質な「社会」に生きる人間として、組織されました。


日本人は、駅で乳母車を一人で持ち上げて階段を昇ったり降りたりしている母親に対して、絶対と言っていいぐらい「手伝いましょうか」という声をかけません。相手が「社会」に住む人だからです。相手が知り合いなら、もちろん、無条件で声をかけます。相手が「世間」に住む人だからです。

欧米では、階段の前で困っている母親がいれば、すぐに「乳母車を持ちましょう」と声がかかります。全員が「社会」に住む人なので、声をかける相手の区別がないのです。欧米で子育てしている日本人女性が「欧米の方がどれだけ子育てが楽か」と、たまにブログに書いていたりするのは、こういう点です。

また、日本に旅行に来た西洋人が、母親が一人、駅の階段で乳母車を抱えて昇っている風景を見て「どうして⁉ 日本人は優しくておもいやりのある国民じゃないのか。だから、震災の時に暴動も起こらなかったのに。どうして、誰も手伝わないんだ？」と驚くことになるのです。

日本人は「世間」と「社会」という二つの空間に生きていると僕は思っています。メインは「世間」です。「社会」に生きている時は、日本人はじつは、どんなふうに振る舞えばいいのか、よく分かってないのです。乳母車を抱えて階段を降りている人が、どんなに大変そうに見えても、どう声をかけていいのか分からないのです。

海外のパーティーのように、知らない者同士がいきなり出会い、話し始めて、友人になる、ということは、なかなか日本人にはありません。日本人のパーティーでは、知り合いに紹介されて、または名刺を交換して、お互いの歳を知り、お互いの立場を理解して、やっと友達になれるのです。

海外で、外国人のパーティーに参加している時、突然、パーティーの主催者から日本人を紹介されたりすると、日本人同士、じつに戸惑います。

外国人に対しては、「Ｙｏｕ」という言い方ですんでいたのに、目の前の日本人に対して、どの程度の敬語で話せばいいのか混乱するのです。ぎこちなく会話しながら、お互いの名刺を交換して、自分との社会的立場や年齢の上下関係を知って、やっと日本人は安心するのです。

日本人は主に「世間」に住んでいますが、それは、じつは中途半端に壊れた「世間」です。江戸から明治、大正時代までの、充分に機能した「世間」ではありません。ここからの話に深入りすることはできませんから、興味のある方はぜひ拙著『「空気」と「世間」』をお読みください。

世間の五大ルール

では、「世間」のルールを五つあげます。世間をずっと研究してきた阿部謹也氏の研究に深く教えられました。

一つ目は「長幼の序」です。年下は、たとえ一歳違いでも年上に従うべきだ、というルールです。「彼は僕の先輩なんだよ」という日本語のニュアンスは英語には翻訳不可能です。

二つ目は、「共通の時間意識」です。同じ世間に住む人は、お互いが同じ時間に生きていると思っています。ですから、「これからもよろしくお願いします」という、英語に翻訳不可能な挨拶で締めくくれるのです。

日本の企業に電話して名乗ると、受付の人は無条件で「いつもお世話になっております」と答えます。こっちが初めて電話しても、そんなことは関係なく言います。お互いが同じ時間を生きている、つまり共通の時間意識を持っていると思っているのです。

日本では、先週奢《おご》ってもらった時、次に会った時、「先週はごちそうさまでした」とあらためてお礼を言うのは礼儀とされています。けれど、西洋で「先週はごちそうさまでした」と言ってしまうと、「ん？　わざわざ、先週の話を言うということは、今週も奢ってもらいたいということか？」と思われる可能性がかなり高いです。お互いが同じ時間を生きていると思っていない、つまり、お互いが連続した共通の過去を生きている、という前提がないので、「わざわざ過去のことを言うのはどうしてだ？」と思ってしまうのです。

三つ目が、「贈与・互酬の関係」です。お中元やお歳暮を贈り、なにかのお祝いをもらえば半返しの「内祝」を忘れず、知り合いや友人の家にお邪魔する時は、手土産を持参する、日本人の慣習のことです。

あなたがこの本を読んでいるこの瞬間にも、海外では日本人が、「引っ越してきました」と隣近所にタオルだの石鹸だのクッキーだのを渡し、世界のあちこちで理解不可能の混乱を引き起こしているのです。

「なぜ、タオルをくれるのだ？　いったい、なんの目的だ？」とか「日本人は、毎日、クッキーを配るのか？」と思われています。

挨拶はもちろん必要です。引っ越して来たと知らせることは大切なことです。けれど、そこで「贈り物」をする、という文化が理解されないのです。

キリスト教では「あなたが誰かにご馳走になったら、その人にお返しをするのではなく、貧しい人や恵まれない人に返しなさい」と教えます。「贈与・互酬の関係」を否定するのは、世間というものの存在を認めないからです。あなたがつながるのは、世間という集団ではなく、「神」のみだということです。

四つ目が、「差別的で排他的」ということです。ひとつの世間に属するということは、その世間に属しない人を差別し、排他的に対応するということです。電車に一番に乗り込み、後から来る自分の仲間たちのために席を取るおばさんは、彼女が属する「世間」の中では、おもいやりのある優しい人です。けれど、おばさんの次に並んでいた「社会」の人は「私が座る順番なんだけど……」と思っています。この時、おばさんは差別的で排他的な世間に生きているのです。

五つ目が「神秘性」ということです。世間が強く残る地域や集団には、論理的な根拠はない「しきたり」「迷信」「伝統」などがあります。そのルールに従うことが、その世間の一員になるために必要なことなのです。「うちの会社（地域・町内）はそういうやり方なんだよ」という言葉で、論理より慣習を求めます。それがどんなに非合理でも、変えません。神秘性が、その集団の結束を保証するのです。そして、神秘性は「儀式性」と同じことです。神秘性を維持するためには、儀式が必要なのです。

これが、「世間」の代表的な五つのルールです。

明治時代、政府は「富国強兵」政策の実現のために、「社会」という概念を強引に輸入して、公布しました。軍隊も教育も税制も裁判も、すべて、「世間」という村社会のルールから「社会」という国家基盤のルールに移行しなければ、実現できないからです。

けれど、上から目線で強引に導入された「社会」という概念は、この国には完全には定着しませんでした。「理屈だけ言うんじゃないよ」とか「理屈じゃあ、人は動かないんだよ」という言い方は、公的な「社会」が説得力を持たず、依然として「世間」が力を持っている証拠です。

村落共同体を強引に解体して「世間」を潰そうとした政府に対して、日本人は村ではない別の「世間」を作り上げました。明治から大正へと、強引に村が潰されていく中、「企業」が日本人の「世間」となったのです。
「世間」である「企業」に入るためには、世間の基本的ルールである「神秘性」を受け入れることが必要になります。その会社ならではの手順、社風、しきたり。それらは、合理的でないものもたくさんあります。けれど、それを受け入れるからこそ、その「世間」、つまり企業の一員となれるのです。その「神秘性」を受け入れる「儀式」が、「入社式」なのです。

そしてその世間が、充分な根拠がないまま強固なまとまりを求めれば求めるほど、強いつながりを願えば願うほど、「儀式」は、つまり「入社式」は派手になるのです。

そもそも、村に生まれたら、ずっとその村で育ち、その村の利害関係に深く関係し、日照りの夏は全員で水不足に苦しみ、豊作の年は全員で喜び、その村で死んでいく、という生活をしていたから、「共通の時間意識」が「世間」のルールとなったのです。一生、この村で生活する仲間、という意識です。

村落共同体が解体した後、それは、世間である企業で、終身雇用制という形で受け継がれたのだと僕は思っています。

「共通の時間意識」という基盤があったから、「長期雇用」という考え方が容易に受け入れられ、実現困難であり、不可能とも言っていい「終身雇用」という概念が拒否されず、日本人に深く定着したのです。これが「終身雇用制」が世界の中で日本独特の慣習として成立した理由だと思っています。

そして、「世間」のルールである「長幼の序」は、企業の「年功序列制度」という形に引き継がれました。これもまた、共通の認識があったので、企業という「世間」でも、ひとつ歳が違うことに意味があると、スムーズに思われるようになったのです。

この「世間」の五つのルールを知ると、日本独特の現象も、じつに理解しやすくなると僕は思っています。

「入社式」の派手さも「定年」の花束贈呈も、「世間」に入る時と出る時の儀式なのです。そして、「世間」から放り出された多くの男性は、次の「世間」を求めて、次の就職先を探すのです。

日本人は年齢を気にしすぎる？

「長幼の序」は、年齢と密接に関係します。相手の年齢が分からないと、日本語は「あなた」なのか「君」なのか「おたく」なのか「鈴木」なのか「鈴木さん」なのか「鈴木君」なのか「鈴木様」なのか言えないのです。

ポジティブに言えば、それが日本語の細やかさです。ネガティブに言えば、自分と相手の関係、つまり相手の階層が分からないと会話できない言語なのです。

「礼儀」というテーマで番組を作った時、日本人一〇〇人にアンケートを取りました。「初対面の人との話題はなんですか？」という質問の答えは、「一位　天気、二位　出身地、三位　年齢」でした。見事に、相手の階層、つまり自分との関係を知ろうとしています。

「初対面の人との話題のタブーはなんですか？」という質問には、「一位　家族、二位　お金、三位　年齢」という答えになりました。初対面の相手の年齢は知りたいのだが、面と向かっては訊きにくいという微妙な心理が分かります。もっとも、この場合は女性が相手のことが多いでしょう。男性の場合は、わりと直截《ちょくさい》に、相手の年齢を訊くと思います。

じつは西洋人を中心にして「**どうして日本人は初対面でいきなり年齢を訊くのか？**」という納得できない怒りがあるのです。

イタリア人女性が言います。「日本では初対面の人に会って二分で年齢を訊かれるの。いつもそうなの。イタリアではそんなことは絶対にないわ。年齢を訊くことはとても失礼なことなの」。フランス人男性が言います。「初対面の人に、名前より先に年齢を訊かれたことがあるよ」。日本人なら思わず、分かる分かると唸ってしまうでしょう。

「日本人は年齢を気にしすぎる」という言葉も聞きます。そう思ってみると、新聞では、どの記事でも必ず年齢が括弧で示されています。こんなものにも年齢は必要なのか、という記事にも丁寧に年齢が書かれています。

新聞は、相手の年齢が分からないとなにも言えない「世間」の言語である日本語のエキスパートだから、でしょうか。

西洋では年齢は気にしません。英語では、「He is my brother.」という表現で、兄弟ということは言いますが、兄なのか弟なのかは問題にしないのです。ブラザーやシスターという表記だけで、結局、兄なのか弟なのか姉なのか妹なのか分からない英語で書かれた物語、なんてのも普通にあります。

番組に出ていた中国人女性も、「中国でも年齢はあまり気にしない」と言いました。ただ韓国人女性が「韓国では日本より気にすると思います。一歳でも大きな違いです」と答えました。西洋はまったく気にせず、アジアではばらつきがあるようです。

オーストラリア人男性が「日本の会社で重視されるのは能力よりも年齢なんです。有能でも二五歳なら評価されません」と言い、アメリカ人女性が「年上だから優れているとは限らないわ。日本人は年齢で判断することで、いろんな可能性を失っているわ」と言いました。

友達の作り方

「友達」についても話しました。

まず、番組では約二〇〇人の日本人に、友達になったきっかけを訊きました。「一位　学校が一緒だった　八二人」「二位　仕事が一緒だった　五九人」「三位　趣味を通じて　五〇人」という内訳になりました。

この結果に対して、まずブラジル人男性が「ある状況でないと出会わないのだから、日本の友達作りはとても変わっていると思います。ブラジルでは、銀行に並んでいる時でも友達になるきっかけがあるんだ」と語れば、アメリカ人男性が「うん。アメリカではバス停とか電車でも友達ができるよ。でも、日本じゃ、会話がないよね。まるで、話しちゃいけないみたいなんだよね」と答えました。番組で一緒に司会をしているリサ・ステッグマイヤーが「そうそう。アメリカだと、スーパーのレジで並んでいる時でも、会話が始まったりしますよね」とうなづきました。

他の西洋人もみんな同じ意見でした。この時、アジアではインド人しか出席していませんでした。インド人も、西洋人のようにうなづきました。東アジアがどうなのかは、知りたいところです。

日本人は相手の立場が分からないと会話ができない、つまり「社会」の人と会話することとがとても苦手なことは前述しました。「職場」「趣味」「学校」というような、初めから同じ「世間」に属している人たちとなら、簡単に会話ができ、友達になれるのです。

番組では、東京都中野区の東中野という場所の銭湯に通って、いつのまにか日本人の友達がたくさんできたイスラエル人女性を紹介しました。だんだんと親しくなり、お互いのことが分かっていく中で、彼女は「イスラエル人はオープンでフレンドリーだと思うんだけど、その私が驚くぐらい、銭湯で出会った人たちは開放的なの」と話しました。日本人は「世間」のメンバー同士だと、壁がないのです。彼女は外国人ですが、日本人の「世間」に入れてもらえたということです。

例えば、地方の田舎の村に住み始めた外国人が、村に受け入れられ、同じ「世間」の一員と見なされれば、そこで外国人は、「オープンでフレンドリーな日本人」と出会うでしょう。が、よそ者と思われ、「世間」の一員と認められなければ、「閉鎖的な日本人」にしか出会わず、ずっと「友達が一人もいない」空間に住み続けることになるのです。

世間話と社会話

日本人が「バス停」や「スーパーの列」や「電車の中」で、知らない者同士、名刺交換もしないまま、気軽に話し始める時は来るのだろうかと思います。

日本人は「世間話」をしてきました。「おでかけですか？」「ちょっとそこまで」というのは、代表的な「世間話」です。この「世間話」は、会話としての内容はありません。内容がないから無意味かというと逆で、会話する意味はちゃんとあります。それは、「あなたと私は、同じ世間に属している」ということを確認することです。「同じ『世間』、つまり同じ共同体に属しているから、なにかあったらお互い、助け合いましょうね」という確認をしているのです。

お互い、助け合うつもりのない人とは「世間話」はしないのです。

では、「社会」に属している人との会話はどうでしょうか。

一時期、日本でも、「世間」ではなく「社会」に属している人同士の会話が生まれました。二〇一一年三月一一日以降です。あの時以来、例えば、道を歩いていて、ぐらりと揺れたら、思わず、目があった人と、「揺れましたね」「大きかったですね」と話す風景が生まれました。見知らぬ相手でも、そうやって話すことで、少しは落ち着いたり、心のやり場を見つけたのです。

僕は、これを「世間話」ではなく、「社会話」と名付けています。

例えば、駅の階段で転んだ人に「大丈夫ですか？」と声をかける。激しく咳《せ》き込んでいる人とすれ違う時に「お大事に」と声をかける。毎日、犬の散歩やジョギングですれ違う人に「こんにちは」と声をかける。

それだけです。それで、すれ違って別れていく。地震の後「揺れましたね」と言い合った人は、それで、会釈をして去るのです。そこから「じゃあ、ちょっと、お茶でも飲みますか」と、自分の「世間」に引きずり込むのではなく、ただ、「社会話」をして、お互いがほんの少し、心を楽にして別れていく。そういう風潮が日本でも普通になれば、もう少し、この国も生きやすくなるんじゃないかと僕は思っています。

もちろん、「社会」しかない海外では、こういう「社会話」は普通です。「大丈夫？」「楽しそうだね」「お大事に」。知らない者同士が、なにげなく声をかけて、そして去っていきます。それだけでも、ずいぶん気が楽になるのです。


欧米のスーパーでは、レジ係の人は、客の目を見て「ハーイ」と言います。日本のマニュアルのような「いらっしゃいませ　こんにちは」なんて不自然に長い言葉は言いません。ただ、相手の目を見て、微笑みます。それは、激しい格差社会である欧米で、相手が社会生活を送れている人物かどうか、確認するという大切な意味があるからです。

日本では、「いらっしゃいませ　こんにちは」とものすごく丁寧に声をかけながら、ほとんど相手の目は見ません。それは、「相手が社会生活を送れないぐらい格差社会の犠牲者であるはずがない。いきなり商品を持ってお金を払う前に走り出すはずがない」と信じているからだと思います。欧米では、「この人はちゃんとお金を払うつもりがあるのか。このまま、レジの前を走り抜けるつもりなのか」を見極める必要があるのです。

ちなみに、日本の「企業社長と従業員の給与の割合」は、11対1です。社長は従業員の11倍の給料をもらっているのです。

イギリスは22対1。アメリカは、475対1です。日本は格差社会になってきたといっても、欧米の水準からするとまだまだなのです。

「日本人は礼儀正しい民族だと思うのに、どうして、道やエレベーターの中で挨拶しないの？」という疑問が外国人から出て、番組で取り上げたこともありました。

番組では外国人が道行く日本人に「ハロー」とか「こんにちは」とか挨拶をしてみました。ほとんどの日本人は「ハロー」と返しました。相手が外国人であるということは、相手が「社会」に生きていることが明確だからです。日本人は「ああ、『社会』に生きる人が声をかけてきた」と分かるので、返事をするのです。

ロケ地が東京というのも、関係があったかもしれません。自分は外国人の挨拶に返すことができる——そう思ってがんばった人も多かったかもしれません。田舎だと、完全に無視していたかもしれないとも思います。

今度は日本人スタッフが道行く日本人に「こんにちは」と声をかけました。ほとんどの日本人は無言で通り過ぎました。「誰だ？　知らないぞ」という不思議そうな顔をした人もいました。

番組では「どうして日本人はエレベーターの中で沈黙しているの？」という外国人の質問に質問で返しました。

「エレベーターの中で見知らぬ人に話しかけますか？」と訊くと、番組に参加している八人中八人が話しかけると手を挙げました。アメリカ人、フランス人、南アフリカ人、ロシア人、モロッコ人、韓国人、イタリア人、オーストラリア人でした。

でも、そこでなにを話すの？　と訊くと、アメリカ人女性が「なんでもいいの。答えを期待しているわけじゃなくて、月曜だったら週末はどうだった？　とか。天気でも野球の話でも。『ハロー』と同じことなんだから」と答えました。

狭い空間に二人でいることの居心地の悪さを解消したり、相手が会話ができる安全な人だということを確認したりすることが目的ですが、そんな大きな意味をわざわざ語らなくても、そこに人がいるから話す、ということのようでした。これもまさに「社会話」です。

恋人も世間で選ぶ

「恋人」というテーマで議論したこともありました。

まず、日本人カップル一〇〇人に「どこで出会いましたか?」という質問をしました。

「一位　職場・学校　五〇人」「二位　友人の紹介・飲み会　三八人」「三位　ナンパ　七人」という結果でした。

「友達」の時と似ています。やはり、日本人は「世間」で出会った人の中から相手を選ぶのです。いきなり、「社会」で出会う人から選ぶことはなかなかないのです。

この結果に対して、イタリア人男性は、「ロマンスは知り合う場所とか知り合い方は関係ない。どこでも、いつでも始まる」と見事に期待通りの発言をしました。イスラエル人女性は「バーやパーティーで知り合うのが一般的」と答えました。アメリカ人もブラジル人もうなづきました。

「日本人もバーとかで知り合う人はいるだろうけど、少ないと思うんだよね。それは、バーとかで知り合っても、なにをしゃべったらいいか分からないからなんだよ」と、日本人の現状を語れば、「だから面白いんですよ！　職場とか学校で毎日、同じ人としか会わないのは退屈じゃないですか！」とイスラエル人女性は当然のように言いました。

カナダ人男性は「カナダでよくやることは、嘘をつくことだね」と軽く言いました。「例えば『ああ！　僕も同じ帽子を持ってるよ』とか言うんです。相手も、予期せぬことを言われて面白い反応をしますよ」。

ちょっと待て、もし嘘だとバレたらどうするんだ？　と突っ込むと、「それでいいんですよ。『ああ！　そのスカート、僕も今日、穿いてこようかと思ったんだ。冗談だよ。僕の名前は～』って、始めればいいんだから」とじつに軽い調子で説明しました。司会のリサは、「いる、こういう人！　アメリカにもいる！」と苦笑いしていました。よくある会話のテクニックのようでした。

それは有効なのか!?　とさらに突っ込むと、「もちろんです。だって、会話のきっかけをつかめばいいんだから。最初の始まりだけなんだから、これで全然いいんです」とカナダ人男性は陽気に答えました。

そして、衝撃的な「デーティング・ピリオド」の話になるのです。

日本人の一般的な恋人の作り方は、「複数で出会って、気に入った相手がいたら、一対一でデートして、それでつきあうことを決める。セックスは、たいてい、交際を決めてから」というものだと思います。

これを紹介すると、アメリカ人とカナダ人から、「僕たちの国には、『デーティング・ピリオド』というシステムがあるよ」という発言がありました。

それはなんだね？　と訊くと、「何回かデートして、お互いのことを知った上で、交際するかどうか決める期間のことだ」と説明しました。それじゃあ、日本と同じじゃないかと言うと、「このデーティング・ピリオドの間は、何人とデートしていても問題はないんです。逆に、複数の人間とデートして、自分にぴったりの相手を見つける時期とみんな考えているんだ」と言うのです。

ということは、合コンとかの集団で出会って、五人の相手に興味を持ったら、五人と同時並行にデートしてもいいってことなの？　と訊くと「そうだ」とうなづいたのです。

それで、他の四人は怒らないの？　とさらに訊くと、「怒らない。その四人も他の人とデートしてる可能性が高いから」と答えました。

ちょっと待てよ、デートって、その時期はどの程度までのデートなんだ？　と疑問を語ると「相手のことを知るためなんだから、セックスは当然でしょう」とアメリカ人女性は当たり前のように言いました。

「じゃあ、この人いいなって思ってセックスしたのに、相手がデーティング・ピリオドで、他の女性を最終的に選んでも、怒らないの？　やり逃げって責めないの？（ＮＨＫの番組ですからもう少しソフトな言い方にしました）」と訊くと、「デーティング・ピリオドはそういうものだから」と平然とアメリカ人女性は答えました。

そしたら、「俺は一生、デーティング・ピリオドでいく」と宣言する、けしからん男性も出てくるんじゃないの？　俺ならそうするかも、と司会の立場を忘れて叫ぶと、「そういう男性はいる。でも、決して相手を選ばないという評判が立って、恋愛の対象としては見られなくなるんだ。つまり、デーティング・ピリオドの相手からは外されるの」とさらに説明してくれました。

この話を聞いて、僕はあることにピンときました。それはアメリカなどに留学した日本人女性が、「エッチまでしたのに、捨てられた」と嘆いていることです。あれは、捨てられたのではなく、「デーティング・ピリオド」だったんだ、ということです。

日本人はエッチをするのは、交際の始まりを意識することが多いです。が、アメリカやカナダではエッチは相手を知る行為のひとつだということです。

デーティング・ピリオドは、どれぐらいの長さなの？　と質問すると「多くて、七、八回ぐらいのデートの間かなあ」とカナダ人がなんとなく答えました。一週間に一回デートしていれば二ヵ月近く。毎日デートすれば、一週間です。

相手を決めた後はどうするの？　という質問には「一人に決めたら、他の相手には決まったとメールする」という人や「他の人は、なんとなく連絡をやめて自然消滅する」という人までさまざまでした。

あんまりデーティング・ピリオドの存在が衝撃だったので、その後、僕はことあるごとに知り合いの日本人女性にこの話をしました。「その方が、相手をよく知ることになっていいと思う」と何人かの日本人女性が答えました。この人いいかもと思ってつきあい出して、初めてセックスをして「えっ⁉　こんな人なの？」と驚いたり失望したりした経験があるのかもしれません。

それは下世話にテクニックがどうということではありません。セックスは、あなたも知っているように、とてもプリミティブなコミュニケイション方法です。強烈でリアルで直接的な会話です。セックスをすることで、初めて、ためらいや遠慮が取れて、本性が出るということは普通にあります。そこで、「この人は本当はこういう人なんだ」と気づくのです。

セックスを含む交際の「お試し期間」を最大七、八回持てるのなら、相手のことを充分分かり、恋人選びに失敗することはないだろうということです。

この「デーティング・ピリオド」は北米以外では、ブラジル人女性が「私の国も同じ」と答えました。ただし、ヨーロッパでは誰も言いませんでした。本当にヨーロッパ全体にないかどうかは分かっていません。あなたやあなたの知り合いが西洋でデートする時は、ぜひデーティング・ピリオドを確認することをお勧めします。

国によっては、日本と同じように「あの人、同時に五人とデートしてる。本当に軽薄で浮気性な奴なんだから！」と言われる可能性はもちろんあります。


ちなみに、日本人のデートは、「ダンドリ勝負」だったりします。どこに行って、なにを見て、どのレストランに入ってと、事前に決めることがわりと当たり前になっています。それはたぶん「二人で楽しむこと」を最大限効率的に追求するからだと思います。

一方、西洋人のデートは、基本的に「ぶっつけ本番」が多いのです。番組では、ロシア人男性に、日本人の彼女とのデートを取材させてもらいました。ロシア人男性は、渋谷で待ち合わせした後、とにかく、街をぶらぶら歩きます。二人で、気になったものを見て、気に入ったお店に入って、楽しい時間を過ごすのです。

それは、デートのテーマが「二人で楽しむこと」よりも「お互いを知ること」だからです。ロシア人はとにかく日本人女性に話しかけます。おしゃれなお店を発見すれば「これどう？」と訊き、相手がどう思うか、どう感じるか、自分はどう思ったか、を語り続けるのです。そこでは、事前のダンドリは不要なのです。

なんだか、日本人男性から見ると、肩の力がうんと抜けるデートでした。ただし、女性の方もこれがデートなんだと思えないと戸惑うかもしれません。ロシア人男性の恋人である日本人女性は、「最初はノープランなことに戸惑いましたが、今は、彼のデートはこういうものだと分かってきました。こんなにお互いが話すデートは初めてなんです」と正直に答えていました。

第四章　日本の「おもてなし」はやはりクール！

サービスこそが最大の「クール・ジャパン」

「接客」や「サービス」は別の言葉「**おもてなし**」と言われるようになりました。「もったいない」に続いて、世界に共通語として広がるかもしれません。

日本の「接客」はクールだという意見を番組に参加したすべての外国人が言います。

「日本の接客を知ってしまうと、他の国で接客を受けたくなくなる」とマケドニア人女性が言いました。ヨーロッパでの接客と比べての話です。

アメリカ人男性が「日本では客は神様のように扱われるけど、アメリカでは反対です。店員は自分のやりたいように接客をしていますね」と言い、外国人全員がうなづきました。

ただし、「働く側になったら大変だろう」とも言います。接客の細かさに音を上げる可能性を感じているのです。

まさに「かゆい所に手が届き、かゆくない所も掻《か》いてるうちにかゆかったんだと感じ始める」という日本的な「接客」だからでしょう。

外国人が大絶賛するコンビニですが、いざ働き始めると、お客さんが出入りするたびにマニュアルの長い挨拶があるし、お臍《へそ》の部分に手を置いてお辞儀しないといけないし、レジ袋を渡す時は取っ手をねじって相手が持ちやすいように差し出さないといけないし、とても自分たちでは働けないだろうと思っているのです。

海外で働いて金を稼ぎ、日本で接客などの「サービス」を受けるのが理想だねと、日本に長く住んでいる外国人は言います。「間違っても逆をしてはいけない。日本で働いて金を稼ぎ、自分の国で『サービス』を受けるのは最悪だよ」。

接客、もっと大きく言えば「サービス」が最大の「クール・ジャパン」だと言った外国人もいます。前述しましたが、地下鉄が毎日、同じ時刻に同じ場所に停車すること。それがまず、信じられないというのです。実際、ニューヨークもロンドンもパリも、地下鉄は時間通りにこないし、いつもの場所にも止まりません。五分から一〇分遅れて、一メートル前後、ずれて止まるのが日常です。

僕がロンドンに住んでいた時にとても驚いたことがありました。朝、通学のために、いつもの地下鉄のホームに立っていると、電車が駅ホームに進入した途端、止まりました。

先頭の一両目しかホームに入ってなくて、残りの車両はまだトンネルというか暗い線路上のままです。

事故か⁉　と見ていたら、先頭車両から制服姿の鉄道関係者らしき人が降りてきて、そのまま、近くにある駅事務室に向かいました。同時に、地下鉄はなにごともなかったかのように動き出し、先頭が駅ホームの反対の端まで進んで止まりました。

僕は少し考えて、停止した理由に気づいて唖然《あぜん》としました。あの鉄道関係者の男は、自分がホームの端から端まで歩きたくないから、駅事務室に一番近い、ホームの入口で地下鉄を止めたのです。乗客の都合とか時間が遅れるとかではなく、「自分がいかに短い距離を歩いて駅事務室にいくか」が重要だったのです。

彼はじつに淡々と歩いていましたから、緊急の用事でもなんでもないようでした。いつもの定期交代ぐらいの雰囲気でした。それでも、なるべく歩かないように地下鉄をいったん止めるのです。日本人だと絶対に信じられないことでしょう。

日本の乗客サービスの対極にある行動です。

ただし、日本の「おもてなし」を経験したくて日本旅館に泊まって、朝、いきなり、仲居さんが「おはようございます」の声と共に部屋に入ってくることに悲鳴をあげる外国人は少なくありません。プライバシーもなにもない、化粧もしていない朝の無防備な空間に他人が平気で入ってくることが信じられないと言うのです。

日本人の「おもてなし」は、「言わなくても分かる」とか「相手の気持ちを察する」という美学ですから、相手の気持ちを読み違えると、まったくトンチンカンなことになる可能性はあります。

ストレスの時に外国人が言ったように「相手ととことん話す」ということは、ここでも必要なことでしょう。相手がなにを求めていて、なにを「おもてなし」と思うか。二〇二〇年の東京オリンピックに向けて、日本人が独自に自分たちの判断だけで、「おもてなし」を考えてしまうと、外国人の考える「サービス」とずれてしまう危険性はとてもあるのです。

ただ、多様な外国人がどんな「サービス」を求めているかを知る方法はとても簡単で、「どんなサービスが嬉しいですか?」と訊けばいいだけです。求められている「サービス」が分かれば、日本人は、それを実現する能力も精神力もあるのです。

こんなところにも「気遣い」が

日本人の「気遣い」の代表としては、ガムの中に入っている「**ガムを捨てるための紙**」

があります。事情が分からない外国人は、この紙を見て「どうして、『ポスト・イット（付箋《ふせん》）』が、ガムの中に入っているのだろう？」と不思議に思ったと言います。

世界中で、ガムの中に「ガムを捨てるための紙」が入っているのは、日本だけです。

「じゃあ、ガムはどうやって捨てるの？」と素朴に訊くと、「そのまま」と、単純な答えが返ってきました。そのまま道へ、そのままゴミ箱へ。「学生は、よく、机の下に貼り付けるね。だから、一年たつと、机の下にガムがたくさん貼り付いていたりするよ」という、ショックな話をアメリカ人がしていました。

「日本人の気遣い」としては、他に「**美容室の接客**」がよく例にあげられます。

髪を洗う時に顔にかけてくれるガーゼは、僕は「思わず目を開けて、美容師さんといきなり目が合うとなんだか恥ずかしいので、いつ目を開けても大丈夫なためのもの」だと思っていたのですが、正式には「顔に水しぶきがかかるのを防ぎ、メイクが落ちないようにするためのもの」だそうです。それ以外に、マッサージやドリンクも出て、「まるでセラピーみたい」と言った外国人もいました。

「美容室」のサービスに続いて、世界各地に支店を持つ化粧品メーカーの「美容部員世界大会」を取材しました。化粧の技術だけではなく「接客」の腕を競う大会です。

美容部員は手にパフをつけたまま、お客さんにメイクをします。体験したイタリア人女性が、「どうしてパフを持っているの?」と訊くと、「(アイシャドウを塗ったりする時)手が直接、お客さまの肌に触れないように、パフを手に当てているのです」と答えました。また、メイクの途中で出る汚れたコットンは、お客さんの目に届かない所に隠します(この時は、テーブルの隅に置いて、上からティッシュをかぶせていました)。

これらの「おもてなし」の技術はマニュアル化され、すでに世界に輸出されているのです。

イギリス人男性が「電器屋さんでの『接客』に驚いたよ。安い方を勧めてくれるし、これを買えと押し付けがましくないし、買わなくてもじつに親切なんだ。イギリスじゃあ、まったく逆だよね」と感心しました。

「ブラジルだと、チップをはずんでくれると思うと、一生懸命サービスするのよね。でも、チップが少ないと、全然、サービスしないの。でも、日本はチップの必要がないのに、こんなにサービスしてくれるの。本当にすごいと思うわ」とブラジル人女性が言い、アメリカ人をはじめとして、西洋人が激しくうなづきました。

「食べ放題　飲み放題」は日本だけ?

「食べ放題　飲み放題」という日本人には馴染みのシステムが、外国ではほとんど見られないと外国人は言います。

理由はじつにシンプルです。「飲み放題」にしたら、どれだけ飲むか分からない、ケンカが起こり、大変なことになるだろうと西洋人は言うのです。「そんなことをしたら、飲み放題のお店に住むだろう」とロシア人男性は言いました。アルコールに強くない日本人だから思いついたことでしょうか。

「食べ放題」も、アメリカ人が「どれだけ食べるか分からない」と答えました。これも、胃袋が小さい日本人だから成立するのでしょうか。

日本で「食べ放題　飲み放題」を知った外国人たちは異様に感動し、大ファンになるのです。

「宅配便」「コンビニ」はすごい！

「**宅配便**」にすべての外国人は驚きました。配達員が終始、走っていること。時間を指定して送れること。誰もいなくて受け取れなかったら、すぐに配達員の携帯に連絡して、その日のうちに再配達が可能なこと。

逆に言えば、海外では、宅配サービスのある国でも、届けた日に家にいなければ、宅配業者が指定した場所まで取りにいく場合が主流でした。連絡をしたら、その日か次の日に時間指定で再配達をしてくれるという国はありません。そもそも、宅配サービスがあっても、とても高価だという国が多かったのです。

じつに優秀なシステムですが、これを海外にビジネスモデルとして輸出するのは無理だろうと、多くの外国人が言っていました。すでに、黒ネコも飛脚も海外を走り始めています。現地の従業員の意識そのものから変革していくビジネスです。長い目で経過を見る必要があるでしょう。

外国人は日本の「**コンビニエンス・ストア**」も絶賛します。前述したように、夜中にこんなにいろんなものが買える場所は、世界中、ないからです。さらに、「**コンビニの端末機**」に外国人は衝撃を受けます。

端末ではさまざまなものが買えます。高速バスのチケットを買った外国人がいました。コンサートや映画のチケット、各種の資格試験の申し込み・支払い、バイクの自賠責保険の申し込みなどもできるのです。

もちろん、そんな端末は世界のコンビニにはありません。

インド人女性が「コンビニのビジネスモデルを丸ごと国に持って帰りたい」と言いました。

カラオケはクール!?

日本では、「一人用カラオケ」というのも生まれました。

一人で来て一人で歌うための一人用のボックスが並ぶカラオケ店です。一人で気兼ねなく楽しむための「お一人様サービス」のひとつとして、そういう店が生まれてきているのです。

カラオケはすでに「**カリオケ**」と呼ばれて世界で広がっています。ただし、日本人が予想するほど爆発的ではありません。世界の大都市にはカラオケ屋さんができていますが、日本ほど定着してはいません。

番組では、銀座にでかけ、街を歩く日本人にカラオケで歌って欲しいとカラオケアプリが付いたスマホとマイクを差し出しました。二五人中二〇人の日本人は、銀座の真ん中で歌ってくれました。日本に観光に来ている外国人にマイクを差し出しましたが、誰も歌ってくれませんでした。

ところが、曲をかけて街の日本人に「踊って欲しい」と言うと、ほとんどの人が拒否しました。踊れません、無理ですと、日本人は言いました。

日本に来た外国人に「踊って欲しい」と曲をかけると、彼ら彼女らは、気軽に踊りました。アジアの一部を除いて、ほとんどの外国人が踊りました。もちろん、ちゃんとした踊りではなく、自分が好き勝手に動く踊りです。

「どうして、外国人はカラオケで歌わないのだろう？」と番組で質問しました。返ってきた答えは意外なものでした。

「カラオケは、自分の番が来るまでじっと待っていなければいけない。それが嫌。でも、踊りは誰が踊っていても、自分も踊れるから楽しい」

そう聞いて、思い出したことがあります。一五年ほど前、イギリスの有名劇団が来日して、話の流れでカラオケに案内したことがありました。主演をレイフ・ファインズという有名な男優が演じていました。彼は、その後、映画『ハリー・ポッター』に出てくる悪の代表ヴォルデモートを演じました。この時は、『イングリッシュ・ペイシェント』という映画に主演して日本でも有名になっていました。

彼は「ホテル・カリフォルニア」を選曲しました。生まれて初めてのカラオケです。周りにいる三〇人ぐらいの劇団員たちも、ほとんどが初めてでした。

レイフが歌い出した途端、劇団員たちも一斉に歌い始めました。僕は内心「ちょっとちょっとお、主役が歌ってるんだから、ここは花を持たせてちゃんと聴きなさいよ」と思いましたが、口には出しませんでした。三〇人近い劇団員が歌い出すのが、あまりに自然だったからです。その後、次々と別の劇団員が選曲しましたが、どの曲もみんなで歌いました。黙って人の曲を聴く、ということはありませんでした。

あれはつまり、パーティーを楽しみたいのに、人の曲を黙って聴いて待っているのは嫌なんだ、ということだったのだと納得したのです。

「一人用カラオケ」は、そういう意味では一人でとことん歌えます。最近のカラオケは多機能になっていて、自分の歌う姿を録画できたり、通信機能を使って知らない他人とデュエットできたり、その曲を歌っているアーティストと画面の中でコラボできたりします。

海外の「カリオケ」展開は、これでまたはずみがつくでしょうか。

お一人様サービス大国日本

「**お一人様サービス**」と書きましたが、日本では「お一人様」で受けられるサービスが充実しています。一人用の鍋が用意されていて鍋料理やしゃぶしゃぶが食べられるお店を番組は紹介しました。「女性一人旅」のコンセプトを打ち出した旅行会社もありました。

「日本では一人で行けるけど、みなさんの国では一人で行けない所はありますか？」と質問すると、意外な答えが返ってきました。

フランス人女性もスイス人女性もブラジル人女性も、「女性が夕食を一人で食べに行くと、『デートする相手を探している』と思われてしまいます」と答えました。

じゃあ、恋人が欲しい時にはレストランに一人で行けばいいの？　と訊くと、「そんなことをしたら、かわいそうな淋しい女だと見られてしまうの。それはとても恥ずかしいことよ」とフランス人女性が言いました。

イギリス人男性が「イギリスでも、一人でバーで飲むのは、なんだか変だと思われるね」と付け加えました。

思わず「日本人は人からどう見られるか気にしているってよく言われるけど、一人でレストランとかバーに行ったら物欲しそうで、淋しそうな女に見られるから恥ずかしいって、まるで日本人の発言みたいだ」と言いました。

フランス人女性が、全然違うという顔をして「いいですか、食べたり飲んだりすることは家でもできることでしょう。それなのに外に出るってことは、社交のためなんですよ」と言いました。一人で食事していることは、社交が目的だと思われるということでしょう。西洋人たちはみんなうなづきました。

日本でも、レストランで女性が一人、フルコースを食べていたら、少しはなにか思われるかもしれません。が、最近は一人居酒屋や一人焼き肉が特殊なことではなくなってきました。また、ラーメン屋さんをはじめとして一人で食べることがおかしくないお店もたくさんあります。

「お一人様サービス」が充実している国が日本なのです。これはじつに意外な発見でした。

第五章　日本食はすごい

日本の「駅弁」はクール！

日本人が知っているタイプの「**駅弁**」は、世界で日本だけです。主要駅で売られている、主要駅に関係するデザインで、主要駅や地域にちなんだ食材で作られた駅弁、という意味です。

海外では、そこまでパッケージ化し、主要駅に特化した食品はありません。駅で、その土地の特産品や軽食を売っていることはありますが、「駅弁」というような統一したイメージではなく、あくまで各地が独自にやっていることです。

つまり、次の主要駅でなにか食べ物が売られているという絶対の保証はないのです。日本だと、この駅で買えなくても、次の主要駅で食べ物である「駅弁」を売っている、という絶対の安心があるのです。

これは、日本という国が南北に長く、四季が明確にあり、各地の気候が細かく違う結果、さまざまな特産品が生まれやすい、ということが理由のひとつだと思います。細長い地形が「ご当地グルメ」を生み、「駅弁」を生んだのです。

世界中から、九年間で四〇〇人以上の外国人をゲストに呼びました。話を聞けば聞くほど、日本のようにコンパクトな国土で、これだけ気候の温度差のある国は少ないと実感します。四季があっても、国土が広すぎると、気軽に特産品を楽しむことはできません。アメリカもロシアも、うんと旅すれば、特産品は違いますが、短い距離だとたいした変化がないのです。東京から静岡までの二〇〇キロでも、日本はさまざまな特産品があります。けれど、広大な大陸での二〇〇キロは、そんなに違いがないのです。

コンパクトな国土でも雨期と乾期だけで四季がなかったり、南北ではなく東西に広がっていると、そんなに気候の違いはありません。

日本は、各地の特産品を生みやすい地形なのです。

「駅弁」が日本人に身近なのは、「**弁当**」の文化があるからでしょう。

「弁当　bento」は『オックスフォード英語辞典』に載るようになりました。

僕が一年間、ロンドンの演劇学校に留学した時、クラスメイトが昼食に持ってきている食べ物を見て愕然としました。

「ポテトチップスとキットカットとリンゴ」が昼食というようなイギリス人が普通にいました。家から昼食用に持ってきているのですから、まさに、お弁当です。お弁当がポテトチップス一袋だけとか、プレッツェルだけとかも普通でした。リンゴとかバナナとか、果物を一緒に食べているクラスメイトは珍しい方でした。

僕は何回も「ポテトチップスとチョコレートの昼食って、体によくないと思うよ」と言ったのですが、クラスメイトは笑って、真剣に受け止めませんでした。

家からパスタを作ってきた、と自慢げに語るクラスメイトは、タッパーになんの具もないパスタをぎっしり詰め込んでいました。それが、お弁当のすべてでした。「野菜はないの？」と訊くと、たいてい、キョトンとした反応をしました。「どうしてそんなことを訊くのか？」という顔でした。ひとつの食材、トマト味のパスタだけを食べることで、なんの問題があるんだ？　と心底不思議そうな顔でした。

サンドイッチを作ってきた、とさらに自慢げに語るクラスメイトが見せたのは、パンにただチーズを挟んだだけのものでした。よくてハムです。欧米では、果物を野菜代わりに取りますから、健康を意識しているクラスメイトは、これにリンゴを足します。つまりは、「ハムサンドとリンゴのお弁当」。それが、一番、意識的に進んでいる「健康的」なメニューでした。

日本人は、「弁当」というスタイルを持つので、昼食の「ご飯とおかず」をいろいろと考えるんだろうかと、この時、ふと思いました。

弁当は弁当箱に入れます。つまり、弁当のフタを開けると、一目で、自分がどんなものを食べるのか分かるのです。

弁当箱という区切られた空間ですから、ご飯とおかずのバランスもはっきりと際立ちます。そして、おかずの量と種類がリアルに分かるのです。

西洋では、「弁当箱」というシステムを持ちません。自分の食べるものがバランスを含めて、一目で分かる、ということはないのです。

また、サンドイッチを作っても、日本人のように「弁当箱」に入れません。サンドイッチはサンドイッチとしてラップなどにくるみます。他の食べ物とは別です。一目で、「自分がなにを食べているか」を理解する風景はないのです。

また、サンドイッチは、パンにはさんだ中身の食材がいまひとつ分かりません。この辺りが、自分がお昼に食べるものに、無自覚になる原因なんじゃないか、と少し強引に思ったのです。

まあ、僕が具体的にお昼のお弁当を見たのは、イギリスとアメリカだけですから、フランスやイタリアは、西洋でも豊かなお弁当を食べているのかもしれません。

とにかく、駅弁は外国人に評判がいいです。カラフルな外装、フタを開けた途端、ご飯とおかずが見やすくひとつの空間に並べられている点、ご飯とおかずの視覚的な美しさ、その土地の食材を使っている点、などです。

そして、日本人にはもうお馴染みですが、付いているヒモを引っ張ると化学反応でお弁当全体が温められる「ハイテク駅弁」に、外国人は驚いていました。スキヤキ弁当や牛肉弁当などを「加熱式容器」で温めて食べるのです。食文化とハイテク・ジャパンの見事な合体です。

エンタテインメント性の高い回転寿司

日本ならではのグルメでは、「**回転寿司**」が有名です。すでに世界に広がっていますが、回転寿司はエンタテインメント性が高いので、海外では普通に売っている寿司より高価になる傾向があります。

安い寿司を簡単に手に入れようと思ったら、海外ではスーパーで買うのが一番です。ただし、そこに並んでいるのは「寿司になろうとしている何物か」ということも多いです。それから、日本人ではない、他のアジア人が経営している寿司レストラン・寿司バーもたくさんあります。

ロンドンに留学していた時「安くて美味しい寿司バーを見つけたから、ショウ（僕のことです）一緒に行こう」とクラスメイトのイギリス人に誘われて行ってみると、見事に日本人ではないアジア人が作っていました。当然、味は微妙に違いました。でも、イギリス人にはこの違いは分からないよなあと思いながら、食べました。

目の前で調理するシステムを外国人は喜びます。炉端焼きや寿司、天ぷらなど日本ではこのシステムのお店がたくさんあります。けれど、西洋ではこのスタイルは珍しいのです。「隠すことがなにもないからこうしているんでしょう」「料理人のプライドを感じるわ」「作るのを見るのは、とてもエンタテインメントだ」と、外国人は言うのです。

なんでも日本流にアレンジ

アイスコーヒーのような日本で変化した食品としては、「**スパゲティ・ナポリタン**」や「**オムライス**」があります。

スパゲティ・ナポリタンは、番組に参加したイタリア人たちはじつに嫌な顔をしました。ナポリとなんの関係もないし、第一、イタリア人が嫌悪するケチャップベースだからです。ケチャップは、味音痴のアメリカ人が好むものだと（多くの）イタリア人は思っているのです。トマトソースのスパゲティとケチャップベースのものはまったく違うと、イタリア人は主張します。

イタリア人には申し訳ないですが、日本人はスパゲティ・ナポリタンが大好きです。そして、当然かもしれませんが、多くのアメリカ人にも評判がいいです。

番組では、イタリア人と結婚した日本人に、イタリアでスパゲティ・ナポリタンを作って、イタリア人に食べてもらうという実験をしました。「ナポリとはなんの関係もないけど、これはこれで美味しい」と反応していたイタリア人たちは、材料にケチャップが使われていると聞いた瞬間、眉をひそめました。そして、「これはスパゲティではない」と口々に言いました。

日本人が作ったスパゲティですから、国際親善をかねて、美味しいとリップサービスをカメラの前でしていたのかもしれません。が、「ケチャップ」という単語が出ては、どうしても認めることができなかったのでしょう。

フランス人女性は、日本人の友達から「オムライス」を作ってもらったと言いました。じつに美味しかったのだけど、初めて食べたと、作ってくれた日本人に言うと、「えっ⁉オムライスってフランスの食べ物じゃないの？」と驚かれて、その言葉を聞いて驚いたと言いました。

「オムライス」をフランスから来た食べ物だと思っている日本人は多いでしょうか。たしかに、一瞬、オムレツの仲間のような感じがします。が、日本人が創り出した料理です。フランス人女性は、純粋に日本の料理として美味しかったと言いました。

これらの食品は、日本人が得意な「輸入して自分たち向けにアレンジする」――という精神の表れです。


インド人がインドへのお土産で、日本の食品会社の「**カレールー**」をたくさん買って帰ると言った時にも、驚きました。日本独特の、粘り気のあるカレールーは、インド人も食べてみると気に入るのだそうです。もちろん、インドのカレーとはまったく違うことは、多くの日本人は知っていますね。

インドのカレーは、一八世紀にイギリスに伝わり、日本へは明治時代にイギリスから入ってきました。日本人は作りやすいように改良して、大正時代に粉末のカレールーを開発。一九五〇（昭和二五）年には、固形のカレールーが登場し、家庭料理として急速に広がったのです。

現在、スーパーには何十種類というカレールーが並び、外国人は驚きます。実際に、食べてみれば、ほとんどの外国人は美味しいと言います。が、日本オリジナルの固形のカレールーは、まだ世界には広がっていません。ただ、外国人の反応を見ると、時間の問題のような気もします。

ただし、それ以外のカレー味に対しては、評価が分かれました。カレーうどんやカレーパン、カレー味のスナックなどです。

例えば、カレーパンは、「美味しい」と答えたアメリカ人と「パンは甘いのに、中からカレーが出てくるのは変。イギリスでは絶対に売れない」と答えたイギリス人。ポテトチップスのカレー味に対しても「ポテトチップスはポテトチップスの味にするべきです」とインド人は言いました。「日本人はなんでもカレー味にしてしまうのには驚きますね。韓国ではカレービビンバやカレー焼き肉は考えられません。日本の食文化のすごいところだと思います」と韓国人は言いました。

「**調理パン**」も、外国人は日本に来て驚きます。これもまた、「海外から来たものをアレンジして日本独自のものにする」という、「スパゲティ・ナポリタン」や「オムライス」の系列と言えます。

「焼きそばパン」をはじめとする調理パンの評価は、前述したカレーパンと同じように二分します。

じつは、日本のパンは外国人に評判がいいのです。番組では「**日本のパンが美味しい**」という外国人の言葉で、「日本のパン」を特集しました。

外国人に、「日本に来てから大好きになったパン」をスタジオに持ってきてもらいました。

ノルウェー人男性はスライスされた食パンを持ってきました。「食感が良くてピーナッツバターによく合うんだ。ノルウェーでは、こんなに柔らかいパンを食べたことがなかったから新鮮なんだ。ホテルの朝食みたいで大好きだよ」と言いました。

実際、日本の食パンはじつに柔らかいです。僕はイギリスでもアメリカでも、日本風の柔らかい食パンをスーパーで探しても見つからず、哀しい気持ちによくなりました。

アメリカ人女性はホウレンソウがのった調理パン。「アメリカにはホウレンソウがのったパンなんてないわ」と驚きました。モンゴル人女性はクリームパン。「中身がクリームなんて初めて食べた時はびっくりしたわ」。フランス人女性が持ってきたのは、なんとフランスパン。「日本は美味しいフランスパンがあるフランス以外の唯一の国だと思うわ。フランスの周りの国ですらここまで質が高くないわ。たまにフランスより美味しいパンがあるほどよ」と言いました。

ただ、イギリス人男性は「日本の食パンは柔らかすぎて噛みごたえがないんだ。固さがないんだ」と主張しました。イギリスの食パンはどれも固いのです。「イギリスのパンはナッツ入りや全粒粉パンなどいろいろあるけれど、石みたいに固くてぎっしりつまっていて長い時間味わっていられるんだ。日本のパンは口に入れると溶けちゃう気がするよ」。

彼の話を聞きながら、なんだか白米に対して玄米や五穀米の良さを語る人を見るみたいな気持ちに一瞬、なりました。柔らかければいいと思っている人だけではない、ということです。

ニュージーランド人女性とアメリカ人女性が「サンドイッチにするのなら、ずっしりと重い方が味わい深いと思うわ。トーストは柔らかくていいけど、サンドイッチは固くないとダメよ」とうなづきました。

好みは分かれますが、概《おおむ》ね、日本のパンの水準は、かなり高いようなのです。

牛丼も世界でポピュラーになりましたが、それ以外の「**丼**」も続々と生まれています。まだ日本国内だけですが、変わり種の丼としてトマトたっぷりの「イタリアン丼」やケバブをのせた「ケバブ丼」などがあります。「**中華丼**」は中国にはありません。これもまた、「スパゲティ・ナポリタン」の系列です。本国にないのに勝手に名乗っている日本独自の料理です。やがて、「中華丼」として中国に逆輸入される日は来るのでしょうか?

ラーメン・パワー

外国から来たもので、日本人がアレンジして、日本を代表する食べ物となった——その筆頭は、文句なく「**ラーメン**」でしょう。

日本政府観光局の二〇一〇年の調査によると、来日した外国人が「特に満足した食事」は、一位が寿司、二位がラーメン、三位刺身、四位うどん、五位天ぷらとなっています。ラーメンは堂々の二位です。

寿司は海外でも食べているでしょうから、多くの外国人は日本に来て短時間でラーメンと出合い、そして満足しているのです。ラーメンのパワーがどれだけ強いか、ということです。

欧米だけではなく、中国、韓国などアジアから来た人も、日本で独自に発展したラーメンを気に入ります。日本のラーメンは中国から伝わっていても、中国のラーメンとまったく違うのです。

中国人女性は、「中国と違って、スープの種類が豊富。豚骨、味噌、醬油、塩と日本はあるけれど、中国はだいたいどれも同じ味なの」と残念そうに言いました。

外国人がラーメンにはまる理由のひとつは、日本食は比較的薄味のものが多いのに、ラーメンは濃厚な味のものがたくさんある、という点です。

実際、外国からの大切なお客さまを、うんと奮発して高級料亭に招き、そこで、なんでもかんでも醤油をかけて、最後にはご飯にまでどぼどぼと醤油をかけて「ああ、日本食は美味しい」と喜ばれたという哀しい（！）経験を持っている日本人の会社員は少なくないと思います。残念ながら、繊細な味を楽しむよりは、醤油かけご飯が一番美味しい、なんて言う外国人が多いのです。

そういう人たちの味覚にも、ラーメンは応えられるのです。

麺に野菜や肉などが入っていて、フルコースの完全食だから好きだ、と言った外国人もいました。

日本のラーメンは、今、猛烈な勢いで海外に進出しています。二〇一三年に設立された官民ファンドである「クールジャパン機構（海外需要開拓支援機構）」は、ラーメンチェーンの『一風堂』に対して、海外進出を助けるために、約七億円の出資と最大一三億円の融資枠を設定し、支援することを二〇一四年一二月に決めました。

『一風堂』のラーメンは、すでにニューヨークに二〇〇八年、ロンドンに二〇一四年にオープンして、積極的に海外に進出しているのです。

日本食と言えば「スシ、テンプーラ、スキヤキ」ではなく、「スシ、ラーメン、サシーミ」の時代がもうすぐ来るのでしょう。

食感や見た目も大切

日本人は「食感」を「味」と同じぐらい大切にする民族だと、外国人は言います。番組では、「口に入れるとフワッと溶けるおかき」を紹介しました。越後製菓の『**ふんわり名人**』です。あなたは食べたことがあるでしょうか？　開発に一〇年かかったそうです。外国人は、「味ではなく、食感を追求することがすごい」と驚きます。味に焦点を当てることはあっても、「食感」を意識して商品を開発することなどないというのです。

また、見た目や季節にこだわり、繊細な細工の「**和菓子**」は世界を驚かせました。和菓子の技術に魅了されて、海外から和菓子職人に弟子入りを希望する外国人が現れています。

金魚鉢の中で金魚が泳いでいるように見える和菓子や、水底の小石に見える和菓子、大輪の花のような和菓子。日本人でも、思わず、感嘆の声があがります。

簡単に量産できないので大量に輸出できないという点や、アンコの味に西洋人が馴染みがない点などから、和菓子はまだ世界でポピュラーにはなっていませんが、知れば知るほど世界は驚くのです。

こんなお菓子が世界で大人気

　世界の多くの人が日本発と知らずに大好きなお菓子のひとつは、「**チョコスティック菓子**」です。代表的なものは、そう、『ポッキー』です。今や世界二〇ヵ国以上で販売されています。

『プリッツ』にチョコをコーティングしながら、持ち手の部分にだけはチョコをつけず、チョコで手が汚れない心遣いが、いかにも日本のお菓子、というものです。

　日本人ならたぶんやったことがあるのは「チョコポッキーのチョコだけを食べて、プリッツにしたことがある」です。あなたはやったことがあるか？　僕はある。ついでに「『とんがりコーン』をひとつひとつ指にはめて、それから食べたことがある」です。あるか？　僕はもちろんある。

「**柿の種**」も、じつは今、海外で人気です。亀田製菓は、アメリカで現地法人を作って、現地生産を始めました。海外の人が味わったことのないピリ辛醬油味が受け入れられたのと、油で揚げてないことで、ヘルシーと受け止められたのです。ちなみに柿の種に入っているピーナッツには海外版では塩味がついています。アメリカでは「ＫａｍｅｄａＣｒｉｓｐｓ」という名前で売られています。亀田製菓のチップスということです。外国人が、日本に来た時に本国へのお土産としても人気になってきました。

日本酒とお酌

「**日本酒**」も世界で売れ始めています。二〇一三年には輸出額が一〇〇億円を超しました。「sake」（英語読みでは、サキィ）という言い方も知られてきました。ロンドンで毎年開かれる「国際ワインコンテスト」では、二〇〇七年から「日本酒部門」が設けられました。

日本を訪問する外国人観光客が、高級な日本酒をまとめ買いすることも増えてきました。日本酒が好きな外国人が言うのは、「日本酒は、どんなに高級で、どんなに美味しいものになっても値段がリーズナブルで素晴らしい。ワインのように、一本、何十万円、何百万円もしないことがいい」ということです。なるほどと納得しました。

お酒といえば、日本でよく見られる「**お酌**《しゃく》」をどう思うか、外国人に訊いてみました。

イギリス人は、「『お酌』が日本では大切だっていうからやってみたんだよ。お酌をされて、お返しに相手にお酌する時、相手が持っているボトルを奪って、相手に注ぐんだ。信じられないね。イギリスでは、相手の持っているボトルを奪うなんてこと、絶対にないから」と言い、西洋人がみんなうなづきました。

イタリア人女性が、「なぜ、女性が注がないといけないの。イタリアでは、男性が女性にワインを注いで、女性はなにもしないのよ」と呆れて言えば、ブラジル人男性が「日本に来て、大学の最初の飲み会の時に、日本人女性がビールを注いでくれたんだ。ブラジルじゃあ、こんなことは一回もなかったから、『僕はなんていい国に来たんだ』って感激したよ」と嬉しそうに言いました。

ちなみに、韓国では、父親や夫など親しい間柄しか、女性はお酌をしません。「男性にお酌をするのは水商売の女性」と思われているからだそうです。中国は、日本以上にお酌文化です。ただし、ホスト側がゲスト側にお酌をする、という構図が主流です。日本のように、「女性がお酌をする」と思われてる文化ではありません。

僕はやっぱり、「TJ」です。はい、手酌です。

こうしたものも海外で人気

一九七二年に石川県の水産加工メーカーで生まれた「**カニカマ**（**かに風味かまぼこ**）」は現在、世界五〇ヵ国以上で愛されています。

欧米では健康食品ブームで、そのまま食べるだけではなく、サラダのトッピングにも使われます。「ｓｕｒｉｍｉ（すり身）」は、「カニカマ」の材料として、『オックスフォード英語辞典』に載っています。

アジアでは、鍋や天ぷらの具として好まれている所もあります。

「**枝豆**」も「ｅｄａｍａｍｅ」と『オックスフォード英語辞典』に載っています。僕も、ロンドンで外国人俳優相手に芝居の演出をしている時は、週末、スーパーで冷凍を買い、茹でて、ビールと共にひとときの休息を味わいました。ロンドンで簡単に枝豆が食べられる幸せにしみじみしました。

ヘルシーなおつまみですから、間違いなく欧米ではヒットしていくと思います。ちなみに、ビールのおつまみの代表はアメリカでもイギリスでも「フライドポテト」です。

安いですが、高カロリーです。結果、イギリスもアメリカも、低所得層ほど、安くて高カロリーなフライドポテトを食べるので、太ることになります。

昔は金持ちだから太ったのに、今は貧乏だから太るのです。アメリカは昔からですが、イギリスもこの一〇年ぐらいで、男性も女性も太ってきました。ジーンズの上に、ぽてっとお腹の肉が乗っかっている人が増えてきました。英語で「ラブ・ハンドル」と言います。昔は、抱き合ってちょうどハンドルのように男性が女性の肉を触る、というちょっとセクシーな意味がありましたが、今は男女ともに太ったお腹、ダイエットのための言葉になってきました。

ですから、安くてヘルシーなおつまみは余計、求められているのです。

里芋やゴボウ、大根、レンコンなどは、日本に来るまで見たことがない、という外国人がたくさんいます。

日本に来て知ったものの中で、一番評判が良かったのは、「**コンニャク**」です。コンニャクは、もともとは中国から伝わったもので、中国でも韓国でも食します。が、昨今のダイエットブームで、「コンニャク」を使ったダイエット食品をたくさん作ったのは間違いなく日本です。カロリーゼロでダイエットに最適で、なおかつ整腸効果があるという食品は、これからますます世界に広がるでしょう。

多彩という意味だと、日本の「**漬け物**」も、その種類に外国人は驚きました。あらゆるものを漬け物にしている、と言ってもいいぐらいで、人参やジャガイモ、タマネギなんて当たり前で、「トマトの丸ごとの漬け物」なんてものまでありました。

市販の清涼飲料水の種類も世界一でした。オレンジジュースだけでも、コンビニやスーパーに行けば、二〇種類近くは簡単に買えます。外国人はその種類に驚くのです。

多くが自販機に並ぶ日本的風景は、前述しました。

世界に誇る「ｕｍａｍｉ」

「**和食**」は、二〇一三年、ユネスコの無形文化遺産に登録されました。和食の基本は、だしです。こんぶや鰹節、煮干し、干ししいたけなどで取ることは日本人なら常識ですね。だしから出る「**うまみ**」という言葉は「ｕｍａｍｉ」として『オックスフォード英語辞典』に載りました。意味は、「味の基本のひとつ。（他は、甘味、酸味、塩味、苦味）」と表示されています。

西洋では長く、味は四つの要素と言われてきました。が、うまみはこの四つには入らず、けれど確実に存在することから、やがて、世界的に味の基本は五つと言われるようになったのです。それが日本語でそのまま「ｕｍａｍｉ（うまみ）」なのです。

「ｓｗｅｅｔ」「ｓｏｕｒ」「ｓａｌｔ」「ｂｉｔｔｅｒ」「ｕｍａｍｉ」です。これは考えてみればすごいことです。

番組では、味噌だけで作った味噌汁と、こんぶと鰹節のだしも入れた味噌汁を飲み比べてもらいました。外国人は、「うまみ」という味の要素が存在することに深く納得したようでした。「だしのうまみは、そのものの味がするというより、素材の味を引き立てます。そこがすごいところです」と外国人は口々に言いました。

それが和食の魅力のひとつなのです。

第六章　世界に誇れるメイド・イン・ジャパン

『たまごっち』は世界を席巻

日本発で、世界を席巻したおもちゃの代表と言えば、『**たまごっち**』です。

番組の収録では、ブラジル人、カナダ人、アメリカ人、ドイツ人、オーストラリア人が全員、口を揃えて「タマゴッチィ」と言いました。みんな、子供の頃、遊んでいたそうです。「日本人が作ったって知ってた?」と訊くと、全員、「知らなかった」と答えました。

いったい、世界で『たまごっち』がどれぐらい売れたのかは、ちゃんとした資料が見つかりませんでした。というのも、『たまごっち』は、誕生期の第一期、相互の通信機能が付いた第二期、画面がカラーになった第三期、ダウンロードが簡単になった第四期に分類されて、複雑なのです。

誕生期は、一九九六年から数年間です。世界的に広がり、番組の外国人たちが遊んだのもこの時期です。全世界で四〇〇〇万個売れたと言われています。

第一次ブームが終わった後、二〇〇四年から赤外線通信機能を付けて、数年間で国内外で三〇〇〇万個を売ったようです。これが第二期です。今の日本の二〇代の若者はこの時期に経験しています。

第三期は二〇〇八年、カラー化された『たまごっち』が発売されて始まりました。二〇〇九年には三〇分のTVアニメ『たまごっち!』が放映されました。今の中学生や高校生はこの時期に体験したのです。

そして、二〇一四年九月には、第四期の幕開けとなる、『TAMAGOTCHI 4U』が発売されました。これは、街中にあるタッチスポットにたまごっちをかざしたり、スマートフォンで専用アプリをインストールすることで、アイテムを簡単にダウンロードできる機能が付いています。

というように、バリエーションをつけながら、現在まで続いています。もちろん、海外でも、今も遊ばれているのです。

驚くのは、海外用の名前を付けるのではなく、英語圏もスペイン語圏もフランス語圏もあらゆる言語ですべて『たまごっち』と名乗ったことです。すごいです。

まるで、二〇一四年に公開されたハリウッド版の『GODZILLA ゴジラ』で外国人俳優は全員「ゴッジラ」という英語発音をしているのに、日本人俳優の渡辺謙さんだけが、「ゴジラ」と日本語発音を守ったのと同じぐらいすごいです。監督からは英語風の発音を要求されたそうです。でも、渡辺謙さんは、かたくなに拒否したのです。

その瞬間に、この作品は、前作（一九九八年）のハリウッド版とは違って、日本人にとっても『ゴジラ』映画の系譜に連なる大切な作品になったのです。

日本の家電は多機能がウリ

ハイテク・ジャパンを代表するものに「**多機能家電**」というものがあります。番組では、「ビタミン増量機能付き冷蔵庫」というものを紹介しました。野菜室に付いているＬＥＤライトのオレンジの光により、野菜室に入れておくだけで野菜の光合成を促して、ビタミン成分が増えるという（！）冷蔵庫です。「保温機能付き冷蔵庫」というものもありました。冷蔵庫なのに、保温もできるのです。出来立ての料理を冷蔵庫で保温できる、もちろん、冷やすこともできる冷蔵庫です。「なんじゃそれえ！」と思わず叫びました。

「空気清浄機能付き掃除機」というのもありました。掃除の時に出たホコリを吸い取る空気清浄機が付いている掃除機です。床を掃除しながら空気まで掃除できるというスーパー掃除機なのです。

日本人には常識になってきましたが、「**オーブン機能やトースター機能が付いている電子レンジ**」に驚く外国人は多いです。少し前には、「乾燥機付き洗濯機」の洗濯から乾燥まで自動だということに、世界は驚きました。海外では、洗濯は自動でも、乾燥への切り換えは手動、というものが多いのです。

アジアの外国人たちが、日本に来て買いあさるのが、「**多機能炊飯器**」、つまり「海外向け炊飯器」です。だんだんとアジア以外でも売れ始めています。

白米やおかゆはもちろん、雑穀、もち米、玄米、リゾットにも対応できる機能が付いています。また、専用の蒸し台も付いていて、さまざまな蒸し料理ができます。ご飯を炊きながら、同時に野菜や鳥、シュウマイなどを蒸すこともできます。日本で普通に売っている炊飯器より、はるかに多機能なのです。

ハイテク・ジャパン

「**福祉用のロボットスーツ**」というものも日本人は開発しました。人が体を動かす時に脳から出る微弱な信号を捉えて、「思うだけで動く」ロボットです。まさにSFの世界ですが、この世界初のロボットスーツを装着すれば、思い通りに関節を動かすことができるので、脚を自力で動かせない人も、ロボットの介助で歩くことができるようになるのです。

介護だけではなく、利用方法は、どんどん広がっていくでしょう。

「**電子オルガン**」も、日本が世界に誇るハイテク・ジャパンです。海外のミュージシャンが電子オルガン（やシンセサイザー）を弾いている映像を見ると、楽器の正面に付けられた会社のロゴマークに気づきます。「ＹＡＭＡＨＡ」はもちろん日本のメーカーだと知っていましたが、恥ずかしいことに僕は「ＲＯＬＡＮＤ」も日本メーカーだとは知りませんでした。てっきり、ヤマハさんの海外ライバルだと思っていました。「ＲＯＬＡＮＤ」は、浜松に本社のある、電子オルガンを作る日本を代表するメーカーでした。

電子オルガンは、さまざまな楽器の音色が出せます。その数、約一〇〇種類。一人でオーケストラが演奏できます。と、文章で書くと「ふ〜ん」と思うのですが、番組では実際に弾いている音に度肝を抜かれました。まず、それぞれの音を正確に録音し再現します。例えば、バイオリンの音だと、電子オルガンの鍵盤を強く押せば弦を強く弾く音に、鍵盤を優しく押せば柔らかく弾く音に（微《かす》かにかすれた音まで）忠実に再現できるのです。

そして、打楽器や弦楽器を選び、それぞれを登録したスイッチを簡単に切り換えることで、一人で本当にオーケストラを演奏できるのです。もちろん、人間の声も用意されています。鍵盤を押せば、男女の歌声が響くのです。

電子オルガンの出す音のクオリティーが、ここ何十年かで飛躍的に向上しているのです。昔の、どちらかと言えばチープな音色を知っている僕には、驚愕の進歩でした。

外国人たちも、本当に感動して「これからは電子楽器の時代がくる。日本人はもっとこの電子オルガンを作ったということを誇りにすべきだ」とイギリス人男性とイタリア人男性が熱く語っていました。


また、世界初の「**画像認識センサー**」というものを日本人は作りました。夜間、防犯カメラに動く人間が映れば、それを「不審者」と判断して、画像を管制センターに送る仕組みです。

現在開発中のものは、人間の動きを捉えて、危険が迫ったと判断するものです。例えば、画面に映った人間が「ホールド・アップ」の姿勢になると、「異常が発生しました」と管制センターに告げるのです。

ただの防犯カメラから、次のレベルに進んでいるのです。

「**毛髪フィルム**」も注目が集まりました。人工毛髪を植えた薄いフィルムを皮膚に貼り付ける世界初の技術です。数年前、たくさんのＣＭが流れて、日本人も驚きましたね。汗や脂で粘着力が増すという特殊なノリを使っています。無毛など、病気治療の副作用に悩む人の助けにもなっています。

細菌の繁殖を抑える「抗菌グッズ」は日本人が大好きだと書きましたが、さらに「**抗菌繊維**」というものも注目されています。

特殊加工した銀の糸が繊維に一パーセントでも入ると、驚くべき抗菌効果を発揮するのです。現在、この性質を利用して、看護服や幼児服に使われています。

長野オリンピックの時に開発された「**並走カメラ**」もまた、ハイテク・ジャパンです。選手の動きに合わせて、カメラも一緒に移動するものです。あなたも、テレビで見たことがあるでしょう。選手と一緒にすぐ横で高速移動しながら、ブレのない映像を撮影することができます。ジャイロ防振装置と呼ばれるシステムがその秘密です。

現在の並走カメラはさらに進化していて、選手の動きに合わせて、カメラが上下するようになっていました。例えば、体操の跳馬を撮ろうとすると——まず、選手が助走を始めます。並走カメラはレール上を素早く選手と同じ速度で移動しながら、表情や全身を撮り続けます。選手が跳馬に手を着き、飛び上がった瞬間、パンタグラフに付けられたカメラがぐーんと高く伸び上がり、選手が跳んでいる姿を同じ高さで映し、選手が着地するのにあわせて、またパンタグラフは折り畳まれ、カメラは定位置に戻るのです。

このカメラが世界の競技で使われるようになっているのです。

一九九三年に世界で初めて開発された「**電動アシスト自転車**」も外国人は驚きました。普通にこぐ力を1とすると、電動アシスト自転車は、モーターの力が三分の二、人力が三分の一です。その快適さを知っている日本人は多いでしょう。

その技術をいかして、「**電動アシスト車椅子**」も開発しました。福祉の分野で大いに注目されています。


「**GPSゲーム**」にも外国人は興奮しました。携帯電話のGPS（全地球測位システム）機能を使って遊べるゲームです。例えば、ゲームを開始すると、京都のあるお寺に行くことを指示されます。

そこに行くと、クイズを受け取ることができます。GPS機能を使っているので、実際にそこに移動したのかどうか、分かるのです。

クイズは、そのお寺のすみずみまで調べると分かるような問題が多いです。知らないうちに、そのお寺を観光しているのです。そこで見つけた情報から、クイズを解くと、さらに別の神社に行くことを指示されます。

そして、次の神社に着くと、またクイズが始まるのです。番組で紹介したのは、そうやってクイズを解きながら、妖怪を退治していくゲームでした。

この企画が優れているのは、クイズに登場するのが、隠れた名所・神社仏閣だということです。有名な観光地だけではなく、このゲームに参加することで、観光客は隠れた名所のあらゆる側面を楽しみ、知ることになるのです。

イタリア人はこのゲームを見て「イタリアでは、このゲームができる場所がたくさんある！」と興奮しました。たしかにローマでもベニスでも、名所旧跡の穴場を巡りながら、このゲームでいくらでも盛り上がることができるでしょう。

このゲームスタイルが世界のあちこちで広がるかもしれません。

日本独自の「**デジタル・サイネージ**」も紹介しました。

デジタル・サイネージとは、平たく言えば電子看板です。最近、街のあちこちで見るようになりました。

いかにもアニメオタクが喜びそうな女の子の３Ｄキャラクターが映ったデジタル・サイネージをまず、番組では紹介しました。彼女の前で話しかけると、この３Ｄキャラクターは返事をするのです。

他には、電子看板の前に立った人が男性か女性かを認識して、女性ならスイーツの宣伝が流れ、男性が立つとビールが表示されるというものもありました。

デジタル・サイネージにカメラが内蔵されていて、顔をとらえ、骨格やたるみ、シワなどを解析して性別や年齢を推定し、対象にあった広告を映し出すのです。さらに、どの年代の人がどれぐらい見たのか（デジタル・サイネージの前で立ち止まった秒数です）を記録することもできて、広告効果の検証もできるのです。この広告では立ち止まる人が多いとか少ないとか、秒数単位で正確に分かるのです。

「**エコ・カー**」の分野でも、日本は世界をリードしています。バスもタクシーもハイブリッドカーが現れました。六〇分の充電で、一六〇キロ走れるという電気自動車も現れました。日本のエコ・カーが世界標準になる日も近いのかもしれません。

ハイテク・ジャパンを支える職人さん

ハイテク・ジャパンを支える「**町工場の職人**」、七六歳（二〇一三年当時）の岩井仁さんを取材しました。岩井さんは、新幹線N７００系の部品を作っていました。

岩井さんは直径五二・〇一ミリの金属パイプを五〇・〇〇ミリに削ろうとします。しかし、機械で削ることのできる最小単位は〇・〇二ミリです。つまり、〇・〇一ミリという単位は、機械では測れず、削れないのです。

では、岩井さんはどうしたか？　直接、グラインダー機に手に持った金属パイプを当てて、マニュアルで、二・〇一ミリ（〇・〇一ミリは髪の毛の直径のおよそ一〇分の一）を削ったのです。

金属パイプをグラインダー機に当てて、削る時に出る音と感触が手がかりだと岩井さんは言います。実際に電子ノギスで測ってみるとぴったり五〇・〇〇ミリに金属パイプの直径はなっていました。マニュアルというか直感というか熟練の技で、髪の毛の一〇分の一の太さを正確に削ったのです。

これにはスタジオにいた外国人も日本人も唸りました。

さらに七六歳の岩井さんは「次々に新しい素材が出てくるから、まだまだ勉強です」と答えられました。新しい金属を〇・〇一ミリ削ると、どんな音がしてどんな感触なのかを学び続けているのです。

iPodの背面を鏡のように研磨したのは、新潟県の小さな工場だということは世界的に有名になりました。世界のハイテク技術は、日本の職人によって支えられている、と言ってもいいのです。

町工場の職人に続いて、「**鳶《とび》職人**」にも注目しました。「鳶職人」は、「高い所で働く人」というイメージを持つ日本人は多いですが、それは仕事のほんの一部です。高層ビルの場合、鳶職人は、まず足場作りから始め、ビルの骨組みを組み、床や壁のはめ込みを担当します。「鳶職人」は、巨大なビルの基礎や構造を担当する重要な職種なのです。

現在、日本の「鳶職人」は、ベトナムのニャッタン橋の工事を担当するなど、アジアやアフリカでその技術力を発揮しているのです。

七年間で一〇億本売れた文房具

文房具でも日本発は多いです。「**シャープペンシル**」「**修正テープ**」（修正液は日本発ではありません）」そして、一九五六年に日本のラテン、大阪から生まれたのが「**折る刃式カッターナイフ**」です。

僕は、シャープペンシルが日本発と聞いて、「どうりで、欧米でシャープペンシルを使う人が少ないはずだ」と納得しました。欧米では、シャープペンシルより、ボールペンを使います。当然、間違えたら、線を引っぱったり、ぐじゃぐじゃ消したりするだけです。

ロンドンでイギリス人と一緒に芝居を創った時、演出家である僕の指示を現場で統括する舞台監督という立場の女性だけは、シャープペンシルを使っていて納得しました。演劇では、稽古が進行していくに従って、役者が舞台に出るタイミングや音楽、照明のキュー（合図）がどんどん変更になります。いちいち、舞台監督がノートにボールペンで書いていたら、大変なことになるのです。ですから、ちゃんとシャープペンシルを使っているのです。

イギリス人の俳優たちは、ボールペンでした。僕の指示を台本にボールペンで書きます。指示が変われば、線を引いたりぐじゃぐじゃ消したりしていました。

なので、じつは、最近の大発明品「**消せるボールペン**」は、ヨーロッパを中心に大ヒットしました。日本発売は二〇〇七年ですが、発売元のパイロットは、二〇〇六年、先にヨーロッパで売り出しています。ヨーロッパは特に、子供の頃からボールペンを使う習慣が根付いているので、人々が殺到したのです。アメリカは、子供の頃は、シャープペンシルではなく、鉛筆を使います。ですから、ヒットもそれなりでした。

結果的には、発売してから七年で全世界で一〇億本ほど売れています。驚異的なヒットです。摩擦熱で消えるインクを三〇年以上研究して開発したそうです。日本人のこだわりの結果が生んだ製品です。それに比べると、シャープペンシルは、そこまでの熱狂はありません。

刃の切れ味が悪くなったら、ひとつひとつ折っていく「折る刃式カッターナイフ」は、今では世界一〇〇ヵ国以上で販売されています。日本発のヒット商品なのですが、「消せるボールペン」「シャープペンシル」に比べると、まだまだ認知度は低いです。

ただし、日本人が使っているのを見て、自分も使ってみたら、こんなに便利なものはない、と感激する外国人は多いです。これからもっと世界に広がっていくでしょう。

「**筆ペン**」もこれから世界に広がるアイテムかもしれません。現在三〇種類のバリエーションのあるカラー筆ペンが発売されています。絵手紙を描いたり、イラストを描くのに重宝されています。イスラエル人女性は「私の弟はアニメーターなんですが、いつも母国に帰る時は、買ってきてくれと頼まれます」と言います。

カラーで濃淡が簡単に出せるペン、というところが人気のようです。

さらに多様になる文房具も紹介しました。「花びら形」をはじめとするいろんな形の付箋は、日本人の遊び心を表しているのでしょうか。葉っぱの形の付箋《ふせん》もあります。

「**曲がっている定規**」というのもあります。机の上に置くと、少し山なりに曲がっていて、紙と定規の間に空間ができる定規です。普通の定規だと、万年筆などで線を引くと、インクが定規を伝って滲《にじ》むことがあります。が、曲がっていると、線を引いた後すぐに定規は山なりになって紙から離れるので、その心配がないのです。

じつに細かい工夫で「かゆい所に手が届き、かゆくない所も掻いてるうちにかゆかったんだと感じ始める」日本製品（笑）ですが、これを待っていたと喜ぶ人が間違いなくいるはずです。

多彩な色とデザインで細かい違いのものがたくさんある。それが日本の商品の特徴のひとつです。それを喜ぶ外国人と、「ここまでは必要ないと思う」と別の意味でクール（冷静）になる外国人に分かれます。それは、じつは、日本人の反応に近いと思います。花びらの形の付箋を見て「ああ、綺麗」と感動する日本人と「いや、付箋なんだから、ここまで必要ないよ」と冷静に答える日本人と同じなのです。

ビーチサンダルからストーンウォッシュのジーンズ、こんなものも日本発

地下足袋がカラフルになっていると書きましたが、同じカラフルな「ビーチサンダル」は、草履が元になっています。日本で一九五二年にアメリカ人の提案を受けた日本のメーカー（内外ゴム）が、ゴムで草履を作りました。ゴム草履の別名が、ビーチサンダルなのです。最初はなかなか売れませんでしたが、やがて、世界的に受け入れられるようになり、海外のブランドもビーチサンダルを出すようになり、まずはハワイで爆発的に受け入れられました。

そして、「**アロハシャツ**」の柄は、和服が起源だという説が有力です。

一九世紀終わりから二〇世紀初頭、ハワイに移住した日本人移民が、農作業の時に洋風の開襟シャツを着ました。これは格子柄など、地味なデザインでした。やがて、日本から持ってきた着物を再利用して開襟シャツ風に仕立て直したものが「アロハシャツ」の起源と言われているのです。

着物の柄ですから、派手なものが多く、それをハワイの人たちが好み、今のアロハシャツに通じる雰囲気が生まれたという説です。

今、日本人がアロハシャツを好み、輸入したり、日本発のものを作ったりしているのは、いわば、里帰りと言えるのです。

「**ストーンウォッシュのジーンズ**」は日本人が始めたものです。新品のジーンズを軽石と一緒に洗って、穿《は》き込んだ感じを演出するものです。今や、世界中にこの方法は広がりました。多くの外国人が「子供の頃からストーンウォッシュのジーンズを穿いていたよ。日本発なんて知らなかった」と答えました。最近は、表面をこすって穿き皺《じわ》を出したり、ガスバーナーで表面を焼いて年代物の深みを出そうとするものもあります。こうして、世界的に、おしゃれなジーンズとして受け入れられているのです。

書道の筆の技術を使って作られた「**化粧筆**」は世界的に有名になり、トップモデルやハリウッドの俳優たちが使っています。名の知れたいくつかのメーカーのものは、かなりの値段ですが、それでも世界中から注文が殺到しています。

日本が最初ということでは、「**胃カメラ**」もそうです。一九五〇年、世界で最初に胃カメラが日本で実用化されました。超小型のカメラを開発することで胃の中を見ることが可能になったのです。もちろん、世界中が注目しました。

絵文字が世界を駆け巡る

有名な「**ピクトグラム**（**絵文字**）」が、日本発だというのは、二〇二〇年の東京オリンピックに向けた話題の中で、注目されてきました。日本で広く普及したきっかけは、一九六四年の東京オリンピックの時です。美術評論家の勝見勝氏の主導のもと、デザイナーが集まり、さまざまなピクトグラムが作られ、世界的に高い評価を得ました。特に、オリンピックの競技種目を表すピクトグラムが体系的に作られたのはこの時が世界初で、その後のオリンピックでも開催各国がそれぞれにデザインを変化させて受け継ぐことになりました。

日本人には、レストランを表す「フォークとナイフが並んでいる図」など馴染みのものが多く生まれました。世界的に有名になり、広く使われているのは、「非常口」の位置を示す「非常口から出て行く人」のサインです。

デザイナーたちは、勝見氏の呼びかけに応じて、自らのピクトグラムの著作権を放棄しました。この感動的な行動によって、この時創られたピクトグラムは、広く長く世界で使われるようになったのです。もし、この時、それぞれのデザイナーが著作権を主張していたら、ピクトグラムの歴史は別の道を歩んでいたでしょう。マンガやアニメのキャラクターのデザインと違い、公衆電話やトイレ、非常口のデザインのバリエーションがそんなにあるとは思えません。瑣末なデザインの違いに対して、(西洋人にありがちな) 著作権の訴訟合戦が起こったか、似たデザインにならないために、どんどんシンプルさから離れて複雑になったか。いずれにしても、やっかいな事態になっていたはずです。

日本発の「遊び」の代表として、『**数独**』があります。現在、一〇〇ヵ国以上で遊ばれています。

『数独』、ご存知でしょうか？　3×3の正方形ブロックの中に9×9に区切られたマス目を作り、そのひとつひとつに1から9までの数字を入れるパズルゲームです。

じつは、ゲームとしてのオリジナルは日本発ではないのですが、世界的なブームになるきっかけは、日本を旅したニュージーランド人が日本で『数独』の本を手に取り、イギリスの新聞社に売り込んだことです。日本語の『数独』そのままに『Ｓｕｄｏｋｕ』として世界に広がっています。アメリカのTVドラマでも、「好きなパズルはＳｕｄｏｋｕ」というセリフが出てきたりします。

もっとも、『数独』『Ｓｕｄｏｋｕ』は、パズル制作会社ニコリの登録商標なので、「ｎｕｍｂｅｒ ｐｌａｃｅ」（日本語では『ナンプレ』）と呼ぶ場合もあります。

世界的には、『ルービックキューブ』に続く大ヒットパズルだと言われています。

この日本製品もクール

「**あぶらとり紙**」の起源は、金箔を作る時、地金をはさむために用いられてきた専用の和紙を転用したものです。

海外では、まだまだ「あぶらとり紙」の存在が知られていませんが、試しに使ってみた外国人にはじつに評判がいいのです。じつは、海外の化粧品ブランドも出していますが、日本製の「あぶらとり紙」が安く品質もいいのです。

意外なものだと懐かしい「**笑い袋**」も日本発で、世界的にヒットしました。知っていますか？　「笑い袋」。キンチャク袋を押すと、笑い声が袋の中から聞こえてくるものです。日本の会社のオリジナルで、アメリカで大ヒットして、一九七〇年、日本でも発売されるようになりました。ちなみに、この会社（株式会社アイコ）は、すっぽりかぶる「馬のマスク」とか手品の「突然大きくなっちゃった耳」なんかを売っています。

洗浄器付き便座のように、原型は海外にあっても、日本人が独自に開発したものに、**「使い捨てカイロ」**があります。起源はアメリカ陸軍の「フットウォーマー」だと言われています。そこから、日本の会社が研究、開発して世界的に広がるようになりました。『ホカロン』（ロッテ）が日本で売り出されたのは一九七八年です。以後、多くのメーカーが「使い捨てカイロ」を発売、シール付きのタイプの発売は一九八八年です。現在は、ミニサイズ、靴下用、肩用、手首用、足首用、真っ黒い外観などさまざまなバリエーションがあります。桐灰化学というメーカーでは、三七種類の使い捨てカイロがありました。貼る部分や用途によって、設定温度が違います。貼るタイプは平均五三度。貼らず、ポケットに入れたりするタイプは五一度。できるだけ長持ちするよう温度設定しているのだそうです。靴の中に入れるものは三〇度台の低めで、蒸れないようにしています。

海外では、アメリカや中国、韓国を中心にヒット商品ですし、日本のお土産として買って帰る外国人も多いです。

土で作られた鍋が、世界のどこから始まったか特定することは難しいでしょうが、今、海外で日本製の「**土鍋**」が静かに広がっています。

お米を炊いたり鍋料理に向いているのはもちろんですが、鍋の中で熱が全体に広がり保温性が高い点や、直火やオーブンで料理できて使い勝手がいい点、さらに料理した後、他の食器に入れ替える必要がなく、そのまま食卓に置けるという便利さも受けています。

日本製の「土鍋」は、品質と値段、そしてデザインによって高い評価を受けているのです。

これに、持ち運び型の「**カセットこんろ**」があれば、もう日本人の食卓です。

持ち運び型のこんろは、日本のオリジナルではありません。欧米を中心とした海外では、丸い形のこんろがあります。キャンプに持っていくタイプのものだと言えば、日本人も分かるでしょう。

四角いカセットこんろは、日本オリジナルです。冬には、食卓の上にカセットこんろを置き、土鍋でさまざまな鍋料理を楽しむ。途中で、スプレー缶タイプのガスボンベがなくなれば、新しいものと替える。

四角い形の「カセットこんろ」はアジアでは爆発的に売れています。開発者は、ガスボンベを横にした状態でガスが気化して使える仕組みと、火元のすぐ近くにあるガスボンベが高温にならない仕組みの開発に苦心したと言います。

日本製の「土鍋」が世界にもっと広がれば、「カセットこんろ」も一緒に普及するかもしれません。

生活用品では、「**パンツ型紙おむつ**」も日本オリジナルです。テープで留めるタイプのものはありましたが、すっぽりと穿けるタイプのものは、日本のメーカーが作りました。

外国人が驚くのは、「**安価なレインコートや傘**」です。特に透明で安い傘は外国人に衝撃を持って受け入れられました。アメリカにもイギリスにもそれなりの値段の黒い傘はありますが、透明な傘は明るくていい、と言います。そして、丈夫だと言うのです。日本人だと透明な安い傘が丈夫とはなかなか思いませんが、外国人によると、この値段でじつに壊れにくくて驚くと言うのです。

「**圧縮袋**」を知らない外国人も多くいました。狭い日本では、おそらく、世界のどの国より、圧縮袋の利用率と必要性が高いのだと思います。たくさんの衣類や布団を、掃除機を使って圧縮させ、圧縮袋を積み重ねて保管している家庭はそれなりにあります。

一〇〇円ショップで、簡単な圧縮袋を売っている、という点も日本人に身近な理由です。

「**虫よけリング**」も評判が高いです。虫にとって嫌な臭いを染み込ませたリングで、これを手首や足首にはめていると一ヵ月の間、虫よけ効果があるというものです。すごいです。私は知りませんでした。アルゼンチンに戻った女性が母国へのお土産に買っていました。地元の家族の評判はすこぶるいいそうです。まあ、プラスティック製の細いリング（腕輪）を着けるだけで虫が寄ってこないのですから、魔法か奇跡と思うでしょうね。

日本に来て、スーパー銭湯や温泉の魅力に気づいた外国人は、「**入浴剤**」にたどり着きます。入浴剤は、あなたも知っているように、さまざまなバリエーションがあります。炭酸ガスが出るもの、香りが強いもの、さまざまな成分が入ったもの、などなどです。各地の温泉の名前がついた入浴剤は、原則的にその温泉の成分を再現しようとしています。

スーパー銭湯のところで書きましたが、外国人が湯船にゆったりと全身をつける、という習慣が定着していけば、「入浴剤」は世界的にヒットしていくでしょう。

さらに、お風呂にはまると、入浴剤だけではなく、「**お風呂グッズ**」が大好きになります。本を濡らさないまま読めるブックカバーや、ウォータープルーフのスマホカバーや、風呂に浮かべて明かりを楽しむライト、保湿や美顔のためにお風呂の中でつけるマスク、子供向けにはお風呂場に貼る防水加工の「ひらがな表」などです。

日本は、お風呂グッズ大国なのです。

また、じつは日本人は一人当たり世界一ティッシュを使います。その中でも売り上げの四分の一を占めるのが、柔らかな肌触りの「**保湿ティッシュ**」です。日本のメーカーのオリジナルです。

開発者は、花粉症で何度も鼻をかんでも痛くならないティッシュを作りたいと思ったそうです。

ティッシュの柔らかさを決めるのは紙に含まれる水分量です。なので、紙が空気中の水分を取り込み、それを保つ方法を考えたのです。

「保湿ティッシュ」は海外で受けると思いますか？　と訊くと「間違いなく」とドイツ人女性が答え、サウジアラビア人男性は、「一度これを使ってしまうと、もう普通のティッシュに戻れません」と言いました。

街で配る「**無料ティッシュ**」（これも日本独自の文化で、世界では見られません。もし、タダで配っていると分かったら、あっと言う間にみんなが集まってなくなってしまうだろう、と外国人は口を揃えます。「食べ放題　飲み放題」の時に書いたことと同じ現象が起きるのです）はありがたいけれど、それより「保湿ティッシュ」を選ぶとイスラエル人女性が微笑みました。

健康グッズで日本発のものとしては、一九六五年に開発された一般人用の「**歩数計**」があります。この時代、日本人の運動不足を解消するために、「一日一万歩」が推奨されました。それを実現するために、医師の依頼を受けて開発されたのが始まりです。それ以降、開発が進み、ポケットやバッグの中に入れたままでも正確に歩数が分かるタイプのものや、携帯電話のアプリになったものもあります。

日本の歩数計は、進化し続けているのです。

ファッション雑誌も日本オリジナル？

またファッションで言えば、日本の「**ハンカチ**」も評判が高いです。じつに多彩であることが好評の理由です。

また、日本の「**ストッキング**」がじつに個性的なことと質の高さで評判です。最近は、「五本指のストッキング」や「ハート形の滑り止めが足の裏の部分に付いたストッキング」などが売り出されています。

日本の「**ファッション雑誌**」も他の国と違うと番組では話題になりました。日本の女性向けファッション雑誌では、毎日のコーディネートを提案する「着まわし企画」が人気です。限られた数の洋服を、どうまく着まわして変化を付けるかという実用的なアドバイスです。

「アメリカの雑誌は、手の届かない高級なものばかりが載っているの。それに憧れるのね」とアメリカ人女性が言いました。「日本のファッション雑誌の情報量がすごいね」とイギリス人男性。たしかに、着まわし特集だと三六五日全部を、限られた洋服で見せ切ります。高級なファッション雑誌の生活感のないグラビアと正反対です。

「こういうタイプの日本の雑誌をみなさんの国で発売したら受ける？」と訊きました。

「受けると思う」と即答したのは韓国人男性。チリ人女性は「自分だけのスタイリストを五ドルで雇えるのと同じでしょう。受けると思うわ」と答えました。

アメリカ人やフランス人、イギリス人は微妙な反応でした。ファッション雑誌になにを求めるか、の違いかもしれません。実用なのか憧れなのか、あなたはどちらですか？

「**原宿ファッション**」も、世界各地から観光客が集まるものになりました。原宿では、二ヵ月に一度、ブティックの店員などが集まり、さまざまな格好をして街を練り歩くイベントがあります。

少女の格好を過剰にした「ガーリー系」と呼ばれるもの、一九九〇年代後半に生まれて原宿発で世界へと羽ばたき、いまだに続いている「ゴスロリ系」などなど、じつに多彩です。「**裏原**」と呼ばれる、原宿のメインストリートから外れた場所にも、たくさんのお店があり、さまざまなファッションがあるのです。ここにも外国人が集まっています。

招き猫の手

日本の伝統品としては、「**招き猫**」が世界的に広がっています。僕がロンドンに住んでいる時、おしゃれな小物を集めたお店の店頭や家具インテリアのお店の棚などに、金色や真っ赤な招き猫が飾られていました。右手を上げた猫は「お金を招く」、左手を上げた猫は「人の縁を招く」のだそうです。

最近、「ドル猫（英語では、『ｗｅｌｃｏｍｅ　ｃａｔ』とか『ｌｕｃｋｙ　ｃａｔ』）」と呼ばれるものがあります。小判ではなくドルのコインを抱え、目が青く、手が「カモン！」と呼ぶために、通常の招き猫と反対の手のひらではなく手の甲を正面に見せています。人を呼ぶ時、西洋では、手のひらを上に向けて、自分の側に向かって「くいくい」と動かします。

日本では、手の甲を上にして、「くいくい」と自分の方に動かすのです。ロンドンの演劇学校にいる時、クラスメイトの名前を呼びながら、僕は手の甲を上にして「くいくい」と動かしました。日本人なら「こっち来て」と呼ぶ時の自然な動作です。が、手の甲を上にして、「くいくい」と手を動かすのは、西洋では「あっちに行け」つまり、「しっしっ」のサインなのです。クラスメイトは、明らかに自分が呼ばれているはずなのに、「あっち行け」のサインを出している僕に向かって、近づいたらいいのか遠ざかったらいいのか分からず、混乱して転びそうになっていました。レイモンドという名前の友達でした。申し訳ないことをしたものです。

アジアで人を呼ぶ時は、どっちなのだろうと思います。たぶん、それぞれの国で違うのでしょう。ちなみに、ベトナムにある招き猫の写真は、「カモン」のポーズで、手の甲を見せていました。

どちらのタイプの招き猫も、欧米を中心として、お土産やおしゃれなプレゼントとして人気になっています。

宇宙船と折り紙

二〇一〇年五月、日本が世界に先駆けて、「イカロス」という宇宙ヨットを成功させました。宇宙ヨットとは、宇宙空間で太陽光を帆に受けて進む、燃料のいらない夢の宇宙船です。「イカロス」はそれを実証するために開発されたのです。

通常の宇宙ロケットのように打ち上げられ、一辺が一四メートルの巨大なソーラーセイルと呼ばれる帆を宇宙空間で広げます。

帆を広げたままでは打ち上げられませんから、それを小さな本体に畳み込むために使われたのが、日本オリジナルの「**折り紙**」の技術でした。

二〇〇二年から畳み方の研究が始まりました。打ち上げの八年前です。宇宙空間で帆を広げる力は遠心力だけです。効率よく、効果的に畳まれた帆は、宇宙空間で遠心力を使ってスムーズに開くことが求められました。数十種類の畳み方が試行錯誤され、そして、成功しました。「折り紙」という伝統を持っているからできたことです。

ちなみに、「折り鶴」を初めて見る外国人は驚きます。感動のあまり、「日本人は全員、折り鶴が作れるはずだ」と思い込む人が出てきます。海外で、いきなり、「折り鶴」を作ってくれと言われて戸惑う日本人もいるのです。

少し前は「日本人は全員、空手ができるはずだ」でした。それはまるで、日本人が持っている「黒人はリズム感があるはずだ」とか「フランス人はおしゃれなはずだ」に近い感覚でしょう。そうじゃない人はたくさんいます。「日本人だから空手ができるだろう？」「日本人だからいろんな折り紙ができるだろう？」そう言われて初めて、自分が、同じように相手をイメージで見ていたことに気づくのです。

これもまたクールなメイド・イン・ジャパン!?

世界で一番「**水族館**」が多い国も日本です。日本人は世界一水族館好きなのです。

多いだけに、それぞれの水族館は展示方法に工夫をこらします。五万匹のイワシが入った巨大水槽を作ったり、映像とコラボした展示方法を追求する水族館などさまざまです。ちなみに、五万匹のイワシは、群れで動く習性を利用して、音楽を流し、まるで踊っているように見せていました。じつは、巨大水槽の四ヵ所からエサを順次、投入することで、イワシがあちこちへと動き、踊っているように見えるのです。

「**柴犬**」も海外では人気になっていますが、まだまだ、世界では数多くありません。ニューヨークでもニュージーランドでも、散歩して歩いていると、「これはなんという犬？」と話しかけられたと、それぞれの国で柴犬を飼っている外国人が言っていました。二〇〇九年の段階で、アメリカで飼われている柴犬（シバと呼んでいます）は、登録されているだけで一三〇〇頭でした。まだまだ少ないと思います。「秋田犬」も、同じように世界で人気になっています。

ちなみに番組では、「**老舗企業**」というテーマでも特集しました。八〇〇年続いている梵鐘《ぼんしょう》を作っている会社を取材したのですが、じつは日本は「老舗企業」大国で、世界にある二〇〇年以上続いている会社の約四割が日本にあると言われているのです。

さまざまなメイド・イン・ジャパンを紹介しました。あなたはこれが日本発だと、いくつ知っていましたか？

第七章　ポップカルチャーはクールか？

ゆるキャラは微妙

「ポップカルチャー」の代表のひとつ、「**フィギュア**」をどう思うかと、外国人に意見を訊いたことがありました。「フィギュア」は、言うまでもないことですが、一般的には「プラスティックなどでできた人形」のことで、「クール・ジャパン」を代表する商品です。村上隆さんの作品をはじめとして、アート、芸術としてすでに認識されているものもたくさんあります。

フィギュアを特集した時の番組に参加した八人の外国人のうち、フィギュアをクールだと言ったのは二人。その二人は、明らかに「マンガ・アニメに憧れて日本に来た外国人」でした。

クールじゃない、と言う外国人は、口々に、「なぜ少女なのか？」「大人が人形に熱中することが信じられない」「とても内向的でおかしい」「もっと人生のリアルを追求すべきだ」と否定的な意見を述べました。

「マンガ喫茶」の時に少し書きましたが、基本的に海外では「マンガやアニメは子供のもの」と思われています。大人がマンガを読むのは、「子供っぽくて」「幼児的で」「成熟していない」と、受け止められるのです。

これは、西洋東洋問わず、共通のイメージです。日本の何十年か前のイメージと同じといえばいいでしょうか。

ですから、マンガやアニメから派生したイメージの「フィギュア」に大人が熱中することは、とても変なことだと思われるのです（もちろん、二人がクールと言ったように、じわじわと「大人だって、マンガやアニメが好きなんだもん」と思う外国人は増えています。ただし、それを外国の社会で言うと「子供っぽい」と思われてしまうので、なかなか言えないのです。「ジャパンエキスポ」のように同好の士を探すか、思い切って日本に来る、という選択肢を彼ら彼女らは選ぶのです）。

同じ理由で、日本で大人気の「**ゆるキャラ**」も西洋人は否定的です。特に、警察など硬いイメージの組織でもゆるキャラを作る日本人を信じられないと言います。警視庁のマスコット「ピーポくん」に激しく驚くのです。「かわいさ」を追求することが、とても子供っぽいと西洋人は考えます。マスコットを作っても、決して「ゆるく」ない、「かわいさ」を追求しないものを作るのです。

ディズニーのキャラクターやテレビの子供番組のマスコットは子供向けですからかわいらしく作っても、オリンピックなどのイベントのマスコットは、子供も大人も接するから、かわいさを一番にしないのです。

そう言われて、ロンドン五輪の一つ目の不気味なマスコット（ウェンロックとマンデビル）を思い出しました。日本人はマスコットはゆるく、かわいいものだと思っていますが、かわいらしく作る必要を感じないままマスコットをデザインすると、あんな「現代版一つ目小僧」みたいなものが生まれるのです。

ソチ五輪の、「人生舐《な》めてるだろ」的なホッキョクグマのマスコットも覚えているでしょうか？　あのシニカルな眼は、かわいさとは無縁なものでした。

日本のゆるキャラを知って、「こっちの方がいいじゃん」と思う外国人と「子供じみて不快」と思う外国人に分かれます。

次にアニメの「**コスプレ**」を紹介して、意見を訊きました。最近のコスプレは、衣装の専門店はいうに及ばず、ビル一軒がまるまる撮影用のもの、という店も現れました。ビルの中に、写真スタジオがたくさん用意されて、教室とか宇宙船の中とか、アニメの登場人物に合わせて、装置・小道具が用意されているのです。

コスプレに対しては、外国人八人中七人がクールとジャッジしました。司会の僕は思わず「ええ!?」と声をあげてしまいました。

彼らは、「個性を表現する手段として素晴らしい」「外向的でいい」「ちゃんと自分の個性をアピールしている」と評価しました。

マンガ・アニメ文化との関連というより、好きな服を着て、好きなカツラを被り、好きな小道具を持つことは、自分の個性を追求することだ、と思ったようです。「ハロウィーンみたいだね」と言った外国人もいました。そう言われてしまえば、ハロウィーンは、一大コスプレ祭といえます。

アイドル育成カフェは、海外で成功するか？

「ゴスロリファッション」や「メイドファッション」に憧れる外国人にあらためて焦点を当てました。ともに、オリジナルのデザインは日本発ではありませんが、それを日常で（？）着るかわいい服として再登場させたのは、間違いなく日本人です。

番組では、ロリータファッションに憧れるあまり、オランダでお店を開いたオランダ人女性を紹介しました。彼女は、以前は通販で日本のサイトからロリータファッションを買っていましたが、とうとう自分でやるようになったのです。

海外のマンガ・アニメ好きの人たちの間では、秋葉原で「**メイドカフェ**」に行くという観光ルートが有名になりました。

さらに「**アイドル育成カフェ**」というものも登場しました。店内に入ると「お帰りなさい、ご主人様」ではなく、「おはようございま〜す」とアイドルの格好をした女性が並びます。彼女たちはウエイトレスではなく、アイドル志望の子たちとして働いているのです。

定期的にショウをします。お客は、プロデューサーと呼ばれ、ショウを見て、女の子を応援し、ショウが終わったら、彼女たちにアドバイスをします。

外国人女性たちは、「関係が不健全だ」と否定的でしたが、イギリス人男性が「マーケティングモデルとしてはじつによくできている」と感心しました。「ファンのリクエストに応えると、とても強い結びつきができる。それがすごい」と。

アイドルになりたい人間を働かせ、ショウで鍛え、その過程をすべて見せて、応援させるということは、ダンスや歌が未熟なら未熟なりにアドバイスができるし、うまくなればなったでアドバイスできるし、まさに「自分が育てたアイドル」という幻想を持ち得る、ということでしょう。

関係が強くなりすぎて暴走するファンが出てくるんじゃないかと、その方が僕なんかは心配ですが、このビジネスモデル、まずはアジアに輸出されるかもしれません。

進化するマンガ

海外で日本のマンガに感動した外国人は、日本に来て、さらに、「**種類豊富なマンガ**」に驚きます。日本人にはもう常識ですが、専門書や歴史書、ありとあらゆるものがマンガになっています。哲学書、文学書、経済書、どんなものもマンガになります。僕も、マンガで「資本論」や「統計論」「税制入門」を読みました。便利でした。

これから先、日本のマンガは、物語だけではなく、こういうものも輸出されるのではないかと思います。

外国人たちは、マンガで書かれた専門分野の本を見て、「これが学生時代にあったら、どれだけ楽だったか」と溜め息をつきました。

マンガと言えば、世界を席巻しているジブリ映画の背景を専門に描いている人も紹介しました。「**アニメの背景画**」を描いている人です。キャラクター描写は注目されますが、じつは、背景が、映画の世界観・空気感を表すように丁寧に描かれているからこそ、名作になるのです。そのクオリティーに、外国人たちは唸り、これはポップだと断言しました。

ポップカルチャーと一口に言っても、外国人がクールと思うものと、「子供っぽい」と拒否反応を示すものがあるのです。

第八章　男と女、そして親と子

寝室問題では西洋vs.その他の地域

西洋の人たちは、**生まれたばかりの子供を別室で寝かせる**、と聞いたことがあるでしょうか。生まれて数日から数週間で別の部屋に寝かせる、というのです。「そんなに小さい時から自立させるのか」と僕は驚きました。

番組（二〇〇八年）では、「赤ちゃんの時から一人で寝ていた人？」という質問をしました。八人中七人が手を挙げました。

「子供の頃、夜中に起きてそばに誰もいなくて怖くなかった？」と素朴に質問しました。「怖かった」と正直にベネズエラ人が答えてくれました。「電灯を消すと、暗かったし怖かったですね。寝つくまで母がいてくれましたが、目を覚ますといないんです。怖かったです」。

アメリカ人もフランス人もイタリア人もうなづきました。

じゃあ「どうして子供を一人で寝かせるの？」と質問しました。答えは「自立心を養う」でも「しつけ」でもありませんでした。あまりの衝撃に僕が声をあげました。なんだかお分かりですか？

答えは、「子供が横で寝ていると、夫婦の営みができない」でした。

「子供のためじゃなくて、自分たちのためなの⁉」と叫ぶと、「いや、兄弟姉妹を作るためだから、結局は、子供のためでもあるんだ」と外国人は口を揃えました。つまり、夫婦のプライバシーのために、「子供を別の部屋」で寝かせる、というのです。

「でも、夜中起きた時、親が隣にいないと、トラウマにならなかった？」とさらに訊きました。

フランス人男性が、「三〜四歳までなら、両親と一緒に寝てもいいと思います」と答えました。すぐにイタリア人女性が「それだと、三年間、夫婦のプライバシーはなくなってしまう。なにもできないわ」と返しました。

このイタリア人女性は「私の子供は生まれたその日から、別の部屋で寝かせました。子供でも生まれた時から『個人』であることを学ばなければなりません」と、じつにイメージ通りの答えを言っていたのですが、どうも、よりリアルな理由はさっきの方でした。

でも、やっぱり子供は不安じゃないの？　とさらに食い下がると、「最近は、子供部屋の音をモニターできるマイクとスピーカーのセットが簡単に手に入る。だから、子供が夜中に泣いていたら夫婦の寝室のスピーカーが教えてくれるから、すぐに子供部屋に行けるの」とアメリカ人女性が言いました。

「でも、それは淋しいと泣いた後でしょう？　目が覚めた瞬間が問題なんじゃないの？」と突っ込みましたが、西洋の人たちは「親と子供は別々の部屋に寝るのが当然」と言いました。

この話題は、どうにもひっかかって、二〇一五年の「新春スペシャル　ニッポン人への大ギモン！」という特番で、「どうして、日本人は親子が川の字になって寝るの？」という疑問で再度取り上げました。

この時は五〇人の外国人に訊きました。すると親と子供が別々に寝ているのは、半数の二五人でした。すべて西洋の国々でした。逆に、一緒に寝ているのは、アジアとアフリカでした。

二〇〇八年に番組で訊いた時は、親子が別々の部屋で寝るという方に八人中七人が手を挙げたと書きましたが、挙げなかったのはシンガポール、つまりアジアの国の人でした。

南北アメリカ、西欧、東欧、ロシア、彼らは全員、生まれてすぐに子供を別の部屋に寝かせていました。

ここで、西洋側の意見に近いことを言えば——実際に、日本で夫婦仲がギクシャクしてくるのは、子供が生まれてからが多いと言われています。子供が生まれ、夫婦の時間が減り、子供が一緒に寝るようになると営みも減る。それで、夫婦が離婚してしまうのなら、夜、子供が淋しくならないように一緒に寝ていても、結果的には、子供にひどいことをしていることになるのかもしれません。

イスラエル人女性が「日本のように父親が夜遅くまで働くのならなおさら、夫婦の時間をちゃんと取らないといけない。子供と一緒に寝ていてはそれができない。子供を別の部屋で寝かした後に、夫婦が話したり食事したりする大切な時間を持たないと」と言っていました。

「子供をぐっすり寝かせるためには、親と一緒じゃない方がいい」と主張したフランス人女性もいました。川の字になって寝ると、親が寝返りを打ってぶつかり、起きるかもしれない、と言うのです。「じゃあ、同じ部屋で子供用のベッドで寝かせばいいんじゃない？」と返すと、「親のイビキとか寝言で起きるかもしれない」と反論しました。

だから一人で別の部屋で寝かせた方がいい、という主張です。子供の淋しさは問題外のようでした。

一方で最近、アメリカでは「co-sleeping（一緒に寝ること）」が流行り出しています。子供と一緒に寝た方が子供とのスキンシップが充分に取れて、子育て上も教育上もいいんじゃないかという流れです。

子供時代、夜起きて怖かったというトラウマを持つアメリカ人たちが飛びついたのかもしれません。

番組には、ご意見番と呼ばれるゲストを呼びます。この回は、作家の荒俣宏さんでした。荒俣さんは「日本人が川の字になって寝る理由は、ただひとつ、『家が狭い』からです」と喝破されました。それもあるのでしょう。家が狭く、家族でぎゅっと集まるから、親子一緒に寝るのが自然なのかもしれません。

どちらが正しいという問題ではなく、なにを大切にしているか、の違いかもしれません。西洋では、子供の淋しさより、まずは夫婦関係を大切にしているのです。東洋では、夫婦の営みより子供を淋しくさせないことを重要だと思っている、ということでしょう。

ちなみに、「親子一緒に寝ること」を、アメリカ人が受け入れ始めていると書きましたが、「**家の中で靴を脱ぐ**」という習慣を受け入れている西洋人も増えてきました。

じつは、日本だけではなく、韓国、インドネシア、マレーシアなども家の中では靴を脱ぎます。西洋社会でも、「なるほど。どう考えても、この方が圧倒的に清潔だよな。寝室まで靴を履いて入るってどうなのよ」と思い始めたアメリカ人やヨーロッパ人が増えてきているのです。もともと、フィンランドなど北欧では、靴を脱ぐ人たちが多いようです。アジアを知った西洋人が、靴を脱ぐ清潔さと快適さに気づくのです。友人が遊びに来た時に、親しい相手だと「悪いけど、靴、脱いでくれない？」と頼みます。

その時、日本人が明治時代に発明した「**スリッパ**」を代わりに差し出す西洋人もいます。スリッパは、靴を履いたまま日本家屋に上がってくる西洋人に対して「靴の上からこれを履いてください」と日本人が開発したものなのです（ですから、英語のｓｌｉｐｐｅｒと日本語のスリッパは違います。英語のタイプは日本で言うサンダルに近いものです）。

「娘と一緒に風呂」問題では日本が孤立

「親子が一緒に寝るかどうか」に続いて、「**父親が幼い娘と風呂に入るかどうか**」で大激論が起こりました。

「川の字になって寝る」ということに関しては、アジア・アフリカの外国人が「私も日本人と同じだ」と反応しましたが、この問題に関しては日本が孤立しました。

スタジオの外国人が全員、強い拒否反応を示したのです。

フランス人女性は「フランスでは母親とはあるけれど、父親と娘が一緒に風呂に入るなんて絶対にないわ」と断言しました。アメリカ人女性は、「日本の文化としてはいいと思いますよ。でも、外国人としては絶対に受け入れられません。もし私が日本人男性と結婚しても、これだけは絶対に許さないわ」と答えました。

韓国人女性は「母親が公衆浴場に息子を連れていくことはあるけど、女の子が父親とお風呂に入るのは想像すらできません」。中国人女性もうなづきました。

外国人に「男の人は母親と、女性は父親といくつぐらいまで一緒に風呂に入っていたという記憶がありますか？」と質問しました。

「まったくない」と即答したのはアメリカ人女性とイタリア人女性。「父親の裸を見たことはないの」とさらにフランス人女性と中国人女性。

アメリカ人女性もオーストラリア人女性も韓国人女性も父親の裸は見たことがないし、見たくもない（！）と答えました。

メキシコ人男性もシンガポール人男性もイタリア人男性も、母親と入っていた記憶がないと言います。ただ、お風呂で体は洗ってくれた、その時は母親は服を着ていたと。

でも、「父と娘が一緒に風呂に入るのはスキンシップでいいもんじゃないの？」とあらためて訊くと、「赤ん坊の時ならまだしも、二歳になったらもうダメでしょう（フランス人女性は、二歳はもうオールドだと言いました。年を取っているというわけです）」と衝撃的な答えが返ってきました。

親子で一緒に川の字になって寝ることはアジア・アフリカでは普通なのに、三歳とか四歳ぐらいまで（多くの家庭は小学校に入る直前までぐらいでしょうか）父親が娘と、母親が息子と一緒に入浴する一般的な習慣はアフリカにもアジアにもありませんでした。

「男性が女性のためにドアを開けるか」問題

「**日本の男性はなぜ女性のためにドアを開けないの？**」という疑問も取り上げました。日本人は親切な民族だと思うのに、これをしないことが理解できないというのです。

「ドアを開ける」「椅子を引く」「重いものを持つ」「（寒い時）自分のコートを女性にかける」という四つをしてもらったことがあるか、日本人のカップルに質問しました。

あなたの予想通り、四つ全部されたことがあると答えた日本人女性はほとんどいませんでした。一方、日本に来た外国人カップルに訊くと、四つ全部の経験があると多くの女性が答えました。

僕なんか、「重いものを持つ」と「コートをかける」というのは、じつに具体的に必要なことで、「ドアを開ける」と「椅子を引く」は女性がやっても問題ないんじゃないかと思ったりするのですが（だから、日本人男性で、前者の二つはやるけれど後者の二つはやらないという人が多くいました)、西洋的な観点から見ると、四つ全部が大切なんだそうです。

そうか、日本人男性もがんばらないとなあと思っていると、アメリカ人女性がポロッと「大切よ。結婚生活が長くなってもちゃんとやって欲しいわ」と言いました。ということは、結婚生活が長くなると西洋でも、だんだんドアは開けなくなるし、椅子も引かなくなるのですか? と訊くと、「そうなのよ」とじつに悔しそうにアメリカ人女性もフランス人女性も言いました。

なんだなんだ、だんだんと手を抜き始めるのは西洋東洋、同じかと、妙に安心しました。ずっと西洋人もジェントルマンを続けるわけではないんだな、人類は共通なんだなと納得したのです。そんなことでホッとしていると、ますます、日本人男性は女性を大切にしてないと突っ込まれるでしょうか。そうですね、すみません。

「女らしさ」「男らしさ」の基準

外見的な「**女らしさ**」とはなにか? という違いも議論になりました。

日本人男性は「黒髪ロングヘア」「大きめの目」「小さめの唇」「いつも笑顔」「スカートかワンピース」を「女らしい」と思うと答えました。日本人女性は、「フワッとした服装」

「スカート」「ロングヘア」「清潔感」「上品なしぐさ」を「女らしい」と思うと答えました。

これに対して、ブラジル人男性は「ブラジルでは、体のメリハリが一番重要です」と言いました。「つまり、大きな胸と大きなお尻が、もっとも、外見的に『女らしい』んです」。

イタリア人女性が深くうなづきました。「男性は、まず、胸かお尻しか見ないもの。その後、他のところを見るのよね」。

オーストラリアやニュージーランドでは、男性同士は「お前は、『レッグマン』か『ブレストマン』か?」と訊くとニュージーランドの女性が言いました。日本語でいえば、「脚好き」か「胸好き」か、ということです。

西洋では、ブラジル人の意見のように、セクシーな女性が、外見的に「女らしい」と思われています。「あなたが『女らしい』と思う女性の絵を描いてください」という企画では、どの国も、メリハリのあるボディの女性を描きました。胸の谷間を描いたり、水着の女性を描いたりしたのです。

セクシーであるためには、「胸」と「お臍《へそ》」が見える服装をします。ただし、日本女性のようにミニスカートで大胆に脚を見せるのは、誤解されると言います。春を売る女性だと思われるというのです。胸の谷間はいくら見せても、そうは思われないそうです。お臍を見せても大丈夫です。

どうして太股はダメなの？　と訊くと、「そこは危険でしょう」と口々に言われました。胸とか臍は危険じゃないそうです。そうなのか。意味が分かりません。

でもこれで、西洋人が日本の女子高生のミニスカートに激しいショックを受ける理由が分かりました。彼女たちが胸の谷間をぐぐっと見せていても、西洋人は驚かないのです。逆に「どうして日本人の女性は胸の谷間を見せないの？」と訊かれてしまいました。これも、あなたならどう答えますか？

オーストラリア人女性は「オーストラリアではみんな胸を見せているわ。日焼けをしたいからなの。私もその日の気分で見せちゃうわ」と言いました。ロシア人女性は「ロシアの女性は太っているので、それをごまかすために胸に注目させるのよ」と言い、フランス人女性は「キリスト教の教えが元になっているの。胸は母性を表しているから見せてもいいのよ」と言います。

バングラデシュ人女性は「日本の女性が胸の谷間を見せないのは隠すことが美しいと思うからよ。バングラデシュでも見せないわ。そんなことをしたら、はしたないと思われるわ」と日本人女性を弁護しました。バングラデシュは、イスラム教徒が多いのでそう思うのでしょう。

けれど、日本人女性が隠すことを美しいと思っているなら、女子高生をはじめとして、冬にもミニスカートで歩くことは矛盾することになります。

日本のアイドル好きというフランス人男性が「日本人は胸の谷間を見せられる人がそんなにいないからじゃないですか？」という、日本人女性全体を敵に回すような大胆な発言をしました。

「なるほど。それで、見せられる谷間を持っている少数の人が大胆に見せると、周りからいろいろと言われてしまうから、日本人は胸の谷間を見せないのか」と思いましたが、絶対に口には出しませんでした。


理想の「**男性像**」というテーマでも話しました。

日本人女性が考える理想の男性像は「一位　清潔感がある」「二位　背が高い」「三位　さわやかな顔」「四位　目鼻立ちがはっきり」「五位　筋肉質だがスリム」でした。

一方、外国人では、まずインド人女性が「口髭が絶対に大切」と主張しました。スペイン人男性は「もみ上げと胸毛が重要」、アメリカ人女性は「エラが張っていること（英語では、『square jaw〈四角い顎《あご》〉』）」と言いました。九〇度の顎が理想的な男性の顔だと彼女は主張しました。

総じて「強くてたくましい」イメージが、海外の理想的な「男性像」でした。ならば、外国人の目から見て、「日本人の男性は『男らしい』と思いますか？」と番組では訊きました。

八人中六人が「日本人男性は男らしくない」と答えました。カナダ人男性は、「日本人男性は『ｄａｎｄｙ（ダンディー）』だよね。でもダンディーって英語は、いい意味じゃないんだ。日本語でもダンディーって言うけど、英語では、ダンディーは、『なよなよしてる』とか『きつい仕事ができない』というような意味なんだ」と説明しました。

ブラジル人女性が、「ブラジルではマッチョな肉体が男らしさの象徴なので、日本人男性は男らしく感じない」と言うので、思わず「じゃあ、筋肉隆々でマッチョですごいガタイしてるんだけど、ものすごく泣き虫でナヨナヨしてる奴は、それでも男らしいの？」と訊くと、「そうです」とあっけらかんと答えました。マッチョな外見がとにかく大切なようでした。日本にはどんな女性だろうと、とにかくおっぱいが大切な「おっぱい星人」と呼ばれる人たちがいますが、ブラジルだと「筋肉星人」がほとんどだということでしょうか。

ドイツ人男性は「ドイツでは男性も家事など、家庭の仕事をするのが『男らしい』と思われることなんだ。日本人男性は、仕事ばかりで家庭のことをなにもしてない人が多いから、男らしくないと思う」と答えました。

第九章　東洋と西洋

オリンピックに見るカルチャー・ギャップ

カルチャー・ギャップでは「**オリンピック**」に対する意識の違いが表れました。

ちょうど、ロンドン五輪があった二〇一二年でした。日本ではオリンピックの凱旋パレードに五〇万人が集まりました。

が、オリンピックに対して西洋人はじつに醒《さ》めた見方をしました。

「知らない人が高く跳んだり、遠くに投げるのを見て、なにが面白いの？」とイギリス人が言いました。

「えっ!?　テレビで放送してないの？」と素朴に驚けば、「まあ、ニュースはやってるけれど、他のニュースと同じぐらいの関心しかないなあ」と答えたのはアメリカ人。「うん。ニュースは見るよ。一応、メダルを取ったら喜ぶし。でも、オリンピックであんまり騒ぐと子供っぽいって思われるね」とイタリア人。

オリンピックはスポーツの最大の祭典じゃないの？ と言えば、「なに言ってるんですか。私の国で一番盛り上がるスポーツ大会は、四年に一度の（サッカーの）ワールドカップですよ。それに比べたら、オリンピックはニュースにはなるけど、テレビにかじりついては見ないし、メダルを取ってもそんなに大騒ぎにならないよ。だって、ワールドカップに比べたら、選手を全然知らないんだから」と答えたのはイギリス人。ブラジル人が激しくうなづきました。

アメリカ人は、「一番盛り上がるスポーツの祭典は、アメリカンフットボールだね。それに比べたら、オリンピックはたいしたことないね」と答えました。

オーストラリア人は「オージーボール（オーストラリアンフットボール）」でした。

ただ、中国人だけが「私の国も、日本みたいにオリンピック、すごく盛り上がります。メダルの数もすごく気にします」と答えたのです。

「そーだよねー。オリンピックは盛り上がるよねー」と思わず言ってしまいました。

「気」への注目

中国から来たものですが、「**漢字**」がクールだと、多くの外国人は言います。フランス人女性が「フランスでは漢字はとても人気があって、Tシャツに漢字が書かれたものを、みんなクールだと思って着ている」と言います。もちろん、意味は分かりません。日本人が、意味が分からない英語が書かれたTシャツを着ているのと同じですね。

ベネズエラ人は、「車を買うと、漢字のステッカーを車の後ろに貼るんだよ」と嬉しそうに言いました。多くの外国人には、漢字がクールだと思われているのです。

ロンドンの演劇学校にいる時、三年生のイギリス人学生が「キィという漢字を教えてくれ」と言ってきました。「キィ？　どういうこと？」と訊けば、臍の下にある丹田の部分に「**気**」という文字を入れ墨として彫りたいというのです。

身体的にいうと、東洋的には、体の中心、特に呼吸の中心は「臍下丹田」と呼ばれる場所です。「せいかたんでん」とも「さいかたんでん」とも言われます。臍の横に親指を置いて、そのまま指四本分下、お臍から下ろしてきた線と小指から伸ばした線が交わる部分が「臍下丹田」つまり「チャクラ」です。

西洋人でも、だんだん、ここを「センター・オブ・ボディ」とか「キィ・プレイス（気の場所）」と呼ぶ発声や身体の専門家が増えてきました。

僕に「気」の漢字を訊いた先輩は、東洋思想が大好きだったのでしょう。臍下丹田の部分に「気」と彫りたい、だって漢字はクールだから、と思ったのです。

一瞬、「気」と教えないで「尻」と教えたら面白いだろうな、この先輩が「ほら、俺はチャクラの場所に気のタトゥーをしてるんだぜ！」と見せて「尻」って彫ってあったら、衝撃的なギャグだなと思ったのですが、そんなことしてバレたら大変なことになる、日英の友好関係にヒビが入ると、必死に自分を止めました。

日本語だと「気」ですが、中国語だと「氣」かなと思い、どっちを伝えようかと迷ったのですが、日本人の僕に訊いたということで、ノートを破って、丁寧に「気」と書きました。先輩はじつに嬉しそうでした。今頃、何人もに「気」のタトゥーを見せているはずです。

「食肉用の牛」論争

日本の高校の特集の時、農業高校の畜産科を取材しました。二年半、手塩にかけて育てた黒毛牛『相夢号』を出荷する風景でした。生徒たちはみんなで記念写真を撮って別れを惜しみました。

「小さい頃は撫でてあげると舐めてくれることがありました」「トラックに乗せる時私たち押したんですけど、なかなか乗ってくれなくて、もう涙があふれました」

彼ら彼女らは相談して、出荷して食肉となった相夢号の革をもらいました。育てた牛の思い出に、その革でしおりかブックカバーを作ろうと決めたのです。

というVTRを紹介した時、オランダ人男性が爆笑しました。釣られて、二人の外国人が笑いました。後の二人は戸惑った顔をしました。残りの二人は理解できないという顔をしました。日本人と同じ反応をしたのは、韓国人だけでした。七人の西洋人は、笑うか、戸惑うか、理解できない顔をしました。

オランダ人男性は「食肉用の牛なんだよ。なぜ、牛の思い出を大切にする必要があるんだよ」とまったく理解できない顔で言いました。

「だって、子牛の時からずっと育ててきたんだよ。ずっと世話してきたんだから。食肉用なのはしようがないけど、育てた思い出を大切にしたいでしょう?」と言うと、「だって、牛ですよ」と笑った他の二人も言いました。「日本人らしいと思うけど、理解できません」とアメリカ人女性は戸惑った顔で言いました。

キリスト教が禁じた自然信仰(大木や沼を崇めるとか、です)のひとつとして、「日本人は長い間育てた動物と気持ちを通じさせる」という考え方はできます。それが「世間」の特徴のひとつ、「神秘性」という考え方です。これは前述しました。が、別な考え方もあります。

リチャード・E・ニスベット『木を見る西洋人　森を見る東洋人　思考の違いはいかにして生まれるか』(村本由紀子訳、ダイヤモンド社)という本があります。タイトルは俗流社会学みたいですが、英語の原題をそのまま訳すと、「思考の地理学　アジアと西洋の考え方の違いとその理由」で、著者はミシガン大学の心理学教授です。

著者はこの本で、西洋の思考は分析的、東洋の思考は包括的だと指摘します。西洋の思考の源流をギリシア（アリストテレス）とし、東洋を中国（孔子）とします。

ギリシアの国土は山岳地帯が多く、海岸線まで山が迫っていて、こうした生態環境は、「狩猟、牧畜、漁撈、貿易に（さらに言えば、海賊にも）適していた。これらは他者との協力をあまり必要としない仕事である。事実、貿易を除けば、これらの経済活動は他者と同じ共同体に定住していなくても行うことができる」と書きます。

一方、「中国は、比較的肥沃な草原に恵まれ、低い山々と航行可能な河川を持つ国である。こうした生態環境は農耕に好都合であり、さらに、中央集権的な支配を容易にした。農耕を営む人々は、互いに上手につきあうことが大切である。必ずしもお互いを好きである必要はないが、適度に調和を保ちながら暮らしていくことが求められる。なかでも、中国南部や日本によく見られる稲作においては、互いに協力して土地を耕す必要があるため、調和はとりわけ重要である」とします。

地理的な環境だけではなく、ギリシアは、都市国家であり、合理的な議論の力でお互いを説得する必要もあり、また貿易によって異文化の人たちと接する必要から、論理的な思考が育ったと、著者は分析します。

一方、中国は九五％が同じ漢民族に属していて（日本も事情は同じでしょう）、少数民族はもちろんいるのですが、自分と大きく異なる信念や習慣を持った人と出会うことは稀な環境にいたと言います（これもまた、日本と同じでしょう）。

結果、論理よりも調和や共有という感情を大切にする文化になったと著者は説明するのです。だから東洋は、ものごとを常に全体の調和という立場から、包括的に見るようになった。西洋は、論理でお互いの違いを明確にしながら交流してきたから、分析的になったとします。

そして、この違いが何千年を経ても、東洋と西洋の世界に対する見方に影響を与えている、と言うのです。

「分類」か「関係」か

アメリカの発達心理学者が行った実験があります。「サル、パンダ、バナナ」という三つの物から、どの二つがより近いと思うか？　という質問です。

あなたはどの二つを選びますか？

では、「ウシ、ニワトリ、草」では？

質問されたアメリカ人大学生は、大半が「サルとパンダ」「ウシとニワトリ」を近い二つとして選びました。

一方、中国人と台湾人の大学生は「サルとバナナ」「ウシと草」を選びました。

あなたが日本で育ったのなら、こちらの二つを選んだのではないでしょうか（「ウシと草」は、日本人には少し馴染みがないかもしれません。もし「ウシ、ニワトリ、玉子焼き」としたら、ほとんどの日本人は「ニワトリと玉子焼き」を選ぶと思います）。

アメリカ人は「二つとも動物である」という「**分類**」の観点で選びました。分析的な思考をするためには、相手がなんのカテゴリーに所属しているのか「分類」することが大切だからです。

一方、中国や台湾（そして、おそらく日本）の学生は、二つの「**関係**」で選びました。「サルとパンダよりは、サルとバナナの方が近い」という「関係」です。「ウシと草」も（ニワトリと玉子焼きも）同じです。

著者は、他の実験も紹介して「分類」と「関係」の違いを明らかにしています。

水中の様子を描いたアニメーションをアメリカ人と日本人の大学生に見せたところ、アメリカ人はもっぱら大きくて目立つ魚に注目したのに対し、日本人はまず背景の環境全体に眼を向けるところから観察を始めたのです。

つまり「包括的思考とは、人や物といった対象を認識し理解するに際して、その対象を取り巻く『場』全体に注意を払い、対象とさまざまな場の要素との関係を重視する考え方である。他方、分析的思考とは、何よりも対象そのものの属性に注意を向け、カテゴリーに分類することによって、対象を理解しようとする考え方である」ということなのです。だから、日本人は水や水草や岩、砂など、全体から理解を始め、アメリカ人は魚という対象にまず眼を向けるのです。

この著者の意見に従えば、スタジオの西洋人が「相夢号の思い出」を大切にしようとする日本人を笑い、戸惑い、理解できないのも分かります。

西洋人にとって、相夢号は家畜に「分類」されているのです。どんなに子牛から育てようと、カテゴリーとしては「家畜」なのです。家畜との思い出を共有しようとすることは、理解できないことです。けれど、日本人は「関係」を大切にします。子牛から育てたことで、自分との間にできた「関係」を重く見るのです。

こう考えれば、例えばカナダ人の日本人の紅葉ツアーに関する発言——「日本人は、秋になると、黄色くなった葉っぱを見にツアーを組んでやって来るんだ。信じられないね」という言葉も理解できます。彼らにすれば、葉はただの植物に「分類」されているのです。「花」とは違うカテゴリーなのです。

「花」に分類されたものは見るもの、「葉」に分類されたものは見ないもの、ということです。日本人のように「葉でも色が変わって綺麗だと思う」という「自分と葉」の関係、つまりは変わっていく山全体の環境を包括的には考えてないのです。

僕は著者の意見に充分な説得力を感じます。この本を紹介することが目的ではないのでこれ以上詳しくは説明しませんが、さまざまな心理学的実験は、「分析」し「分類」する西洋、「包括的」な「関係」を作る東洋、という「事実」をあぶり出しています（この結果として、例えば、コミュニケイションにおいて、西洋人は子供に良き「発信機」になれと教育します。東洋人は、子供に良き「受信機」になれと教育すると、著者は言うのです）。

キリスト教やイスラム教というような強力な一神教が生まれたのも、じつは「分類」していく分析的な思考の結果だと僕は考えます。論理的に追究することがギリシア以来の定着した思考方法だったから、一神教は生まれ、人々は受け入れたのだと思うのです。仏教はじつに包括的な思想でしょう。また、「関係」を包括的に感じ、思考する東洋的な考えは、「世間」と通底していると考えます。

「クール・ジャパン」と思われているものがじつは日本だけのものではなく、「東洋的なもの」だったということはあります。

日本は「欧米」という形で、常に西洋だけを見てきました。「日本」対「欧米」という図式でした。「クール・ジャパン」を知るということは、じつは、「内なる東洋」「内なるアジア」を知るということでもあるのです。

例えば「アメリカ人とフランス人」の違いを知ることで、西洋も一枚岩ではないことに気づきます。東洋も、「中国人とインドネシア人」「韓国人とタイ人」の違いを知ることで、いろいろと気づくのです。それが、「クール・ジャパン」を深く知り、発展させていくことにつながるだろうと思います。

エピローグ――これからの「クール・ジャパン」

まず知り合いになる

　昔、早稲田大学演劇研究会というサークルにいる時、アフリカ系アメリカ人の留学生が一時的に入会してきました。数ヵ月の日本滞在で、日本の演劇を体験したいという目的でした。芝居の楽日に、打ち上げという飲み会があるのですが、彼は家からボンゴという打楽器を持ってきました。打ち上げでは、ギターを弾いて、全員で歌うからです。

「おっ、さすがは黒人。リズムに命かけてるんだな」とみんな感心したのですが、彼は信じられないぐらいリズム感がありませんでした。日本人がちゃんと手拍子している歌で、ヨロヨロになりながらボンゴを叩きました。みんな呆れましたが、本人があんまり必死なのでそのままにしました。

　みんな内心、「そうか。リズム感のない黒人っているんだ。そうだよなあ。いろんな人がいるんだから」と世界の重大な秘密を発見したような気持ちになりました。

それで彼のことを嫌いになったかというとじつは逆で、その必死な姿が、かえってリアルな共感を生みました。抽象的な黒人のイメージしかなかったのが、「リズム音痴の彼」という人間としてみんなの心に沁み込んだのです。

最近、世界はどんどんとギスギスする方向に向かっていて、「○○人は許せない」とか「△△人は最低だ」とかの言葉と共に、いろんな国の人が攻撃されます。その言葉を聞くたびに、攻撃する人は、その国の友達や知人がいないんだろうなと単純に思います。○○人や△△人と知り合いになり、一度でも一緒に食事をし、共に笑い合えば、こんな言い方はしなくなるだろうと、じつにシンプルに僕は考えるのです。

パターンで抽象的に理解するから、いくらでも憎悪や嫌悪が膨らむのです。実際に会って、一言でも会話したら、そこからは具体的な関係が始まります。知らないから、なんでも言えてしまうのです。

番組『ｃｏｏｌ ｊａｐａｎ』を続けるのは、そういう意味もあると思っています。今、番組は世界の一五〇以上の国や地域で放送されています。日本のクールだけではなく、お互いがお互いのことを知るきっかけになればいいなと思っているのです。

ちなみに、Ｇ８に参加している先進国中、パスポート取得率が最低の国はどこかご存知ですか？　最下位は、じつは日本です、二四％。次がアメリカで三五％。日本とアメリカが少ないというのは、なんだか象徴的なような気がします。共に、「自分の国の中にいて、自分の国を出る必要もつもりもない国民」ということになります。

取得率一位は、イギリスで七〇％。子供や老人を含む国民全体の七〇％ですから、この数字はかなりのものです。ヨーロッパでは国が密接していて海外に行く機会が多いから高いんだと思うかもしれませんが、カナダも六〇％あります。

アメリカ人も日本人も、「だからどうした？　私は自分の国が大好きだから、自分の国を出る必要を感じないんだ」と言ってしまうと、お互いを理解するチャンスを失い、じつにもったいないと思うのです。

予想もしない答えだから面白い

ありがたいことに、番組は一〇年目に突入しました。これからも「クール・ジャパン」を追求していこうと思っています。

番組の面白さは、スタッフの予想を超えることが起こることです。

「**納涼**」というテーマで番組を作った時のことです。スタッフとしては、「日本には夏の暑さを忘れるための工夫がたくさんある。金魚とか簾《すだれ》とか風鈴とか、伝統的なものからクールビズの通気性のいいハイテク・スーツまで、これはいい番組になると思う」と考えました。

いろいろとグッズを紹介した後、「どうしてこんなに日本には納涼グッズが多いんだと思う？」と外国人に質問しました。想定した答えは「日本人の細やかさ」「日本人のガジェット（玩具）好き」「日本人の真面目さ」などでした。

イタリア人男性が口を開きました。「先日、イタリアから友人が電話してきて『八月なのに働いてるの⁉』と驚かれた。本来休まないといけない夏に、日本では無理をして働かないといけないから、こういうグッズができたんだと思う」。

スタッフも僕ものけぞりました。そして納得しました。そうです。この高温多湿の、水蒸気の国とまで言われた日本の夏に働くためには、なんとしてでもちょっとでも、涼しくしないとやっていけないから、さまざまな工夫が生まれたのです。夏に一ヵ月のバカンスを取るヨーロッパ人には思いもつかない工夫は、だから生まれるのです。

もう番組の根本のコンセプトを無にするような発言です。でも、説得力があります。こういう発言が出るから面白いのです。

発言しすぎの外国人、しなさすぎの日本人

番組では、通常は八人の外国人がゲストです。彼ら彼女らは、本当に自由に話します。

話したいことを話すのです。

僕がイギリスの演劇学校に留学した時、最初の授業の終わりに、「なんか質問はありますか？」と先生が訊きました。クラスメイトは一斉に手を挙げました。「なんて熱心な生徒なんだ」と僕は度肝を抜かれました。先生が指名すると、「今日の授業は、おばあちゃんがいつも言っていたことととても近いものでした」とか「今日の授業はすごく納得できて面白かったです」と、生徒たちは語りました。「ん？　それは感想であって、質問じゃないぞ」と僕は思いました。

それから毎回、先生は「質問はありますか？」と訊いて、生徒たちは熱心に手を挙げ、そして、質問ではなく感想を語りました。質問が出ることは本当に稀でした。先生も、質問ではなく感想を語ることを特に問題にはしていませんでした。

僕は、これはどういうことなんだろうと混乱しました。クラスメイトにいろいろと質問し、だんだんと事情が分かってきました。

多くのイギリス人と、スペイン人・イタリア人・オランダ人・アメリカ人のクラスメイトたちは、小学校入学以来、なにかを体験したり聞いたりして学ぶと、「あなたは、かけがえのないあなたなんだから、あなたなりの感想や質問が絶対にあるはずです。それはなんですか？」という教育を受けてきたのです。なにかを見たり聞いたり知ったりしたら、あなたはあなただけの感想や意見があるはずです。なぜなら、あなたはこの世にあなたしかいないんですから。さあ、それはなんですか？　――それは刷り込みといっていいレベルでした。だから、みんな、質問が浮かばない場合は必死に感想を語るのです。

僕は、それでは日本人は「なにか質問はありますか？」と訊かれた時、どういう刷り込みがあるんだろうと考えました。あなたはどうですか？　どんな刷り込みがありますか？

僕は、日本人は「質問をする以上、ちゃんとした質問をしないといけない」という刷り込みがあるんだと思います。ここにも日本人の「**ちゃんとしないといけない病**」が顔を出しているのです。質問する以上、周りからバカにされるような質問をしてはいけない、恥ずかしい質問をしてはいけない――という刷り込みです。

僕がイギリスやアメリカで講演会をして、最後に「質問はありますか？」と訊くと、自分の感想をえんえんと語る人に出会います。大学だったりすると、次の授業の時間になっているのに、気にせず語る人がたくさんいます。周りはうんざりしていますが、話し続けます。日本で「質問はありますか？」と訊くと、聴衆は一斉にサッと目を伏せて、僕と目が合わないようにします。まるで目が合うと石にされてしまうと怯えているようです。心の中では「訊きたいような気もするけど、ちゃんとした質問ができないからダメだ」と思っている人がいると思います。

えんえんと感想を語る欧米と、誰も手を挙げず静寂だけが広がる日本と、どちらも同じぐらい問題だと僕は思っているのです。

話は戻って、番組でも同じようなことが起こります。ある時、ブラジル人女性が、僕の質問が終わるのを待たずに話し始めることが続いたので、「ちょっとは、人が話し終わるのを待ちませんか？」と言いました。彼女は少し驚いた顔をしました。彼女は言いました。「ブラジルでは、人の話が終わらないうちに話し始めるのが大切なことなんです。それは、話にとても興味があって、楽しんでいるというサインになるんです。人が話し終わるのを待ってしまうと、話に関心がないと思われるんです」。

まさに、目からウロコが落ちる言葉でした。

番組で、僕の態度に文句が来ることがありました。僕は足を組んで司会をしていました。日本人の視聴者にはそれが生意気に映ったのです。

番組で「就職活動」を取り上げました。インタビューを受ける時、西洋では足を組まないといけないと外国人が発言して、驚きました。「足を組むこと」はリラックスしているというサインだと言うのです。あなたの話が面白く、とても興味があるからリラックスしている――その証拠が「組んだ足」なのです。

日本だと、就職の面接の時に足を組んだりしたら、それだけで落とされるかもしれません。ちゃんと足を揃えて、手は膝の上です。

西洋人は（そして、多くのアジア人は）その態度を「緊張している姿」と感じると言いました。「緊張して、少しも楽しんでない姿」だと言うのです。そして「つまらないから、立ち上がりやすいように足を組まないで揃えている」と思うとまで言いました。

日本では、それが「真面目で望ましい態度」と思われるのです。僕も、視聴者からの抗議が増えて、プロデューサーから「足を組まないでね」と言われました。気をつけるようにしたら態度がでかいという抗議はぐんと減りました。

ただ、外国人は番組を楽しむと、どんどん足を組み始めるので、釣られないように、いつも気をつけているのです。

日本政府とクール・ジャパン

二〇一二年、経済産業省の「クールジャパン戦略推進事業」でインドにおけるコンテンツプロジェクトが採択されました。インドで日本のアニメがまったく知られてない現状をなんとかするために、インドのテレビ局の番組放映枠を獲得し、新旧の日本アニメを放映し、同時に玩具店で関連グッズを売る、というプロジェクトです。

僕は、これが政府が関与するクール・ジャパンのひとつの形になったものだと思いました。

「クール・ジャパンなんて海外でまったく知られてない」という言い方は、ある意味、当たっています。フランスの「ジャパンエキスポ」には、何十万人という人が集まりますが、それは、きわめて限られた「日本好き」な人たちです。

「〜が流行っている」ということが認知されるには、まったく関心のない人たちに、情報として届く、ということが必要なのです。

自らインターネットを検索して、積極的に出歩いてその情報に接するのではなく、関心のない人が偶然、目にすることがないと「流行っている」とは言えないのです。

そういう意味では、世界を席巻していると言われている日本のマンガやアニメも、じつは、マニアが好むものです。日本人としては、外国人が日本のマンガを必死で読み、コスプレをしているとなんだか嬉しくなりますが、それは本当に限られた人たちなのです。

ならば、政府ができることはなにか？　それは、「場」を提供することです。

「場」は一社ではできません。どんなに面白いアニメを作っても、どんなに面白い本を書いても、どんなに面白い映画を作っても、それを「海外のまったく関心のない人に届ける」ことは一社の能力ではできないのです。

マニアな人は発見してくれます。映画も本もマンガもそういう人が受け入れ、評価します。けれど、それは世界のほんの一部の人たちなのです。

インドのテレビ局での放映枠を、たった一社のテレビ局が買うことはできません。もしくは、買えたとしても、自社アニメだけを流すのでは弱いのです。関心のない大衆に「日本のアニメは面白い」と思わせるためには、一般大衆が無視できない質と量がいるのです。

しかし、政府は「場」を提供しないで、「判断」しました。

クールジャパン機構（海外需要開拓支援機構）が一五億円を出資して「Ｔｏｋｙｏ　Ｏｔａｋｕ　Ｍｏｄｅ」が販売するフィギュアに「どぎつい物」があると野党議員が国会で質問し、問題になりました。「Ｔｏｋｙｏ　Ｏｔａｋｕ　Ｍｏｄｅ」は、日本のポップカルチャーをネットで発信している世界的に知られた会社です。

結果的に、「Ｔｏｋｙｏ　Ｏｔａｋｕ　Ｍｏｄｅ」のウェブサイトから、「どぎついフィギュア」の商品と写真は消えました。

「場」を提供しているのではなく、「判断」しているのです。こんなことをしていては、クールジャパン機構に出資を頼もうと思う文化的企業はなくなっていくでしょう。

野党議員が攻撃するのはいいのです。政府のやることに文句を言うのが仕事なのでしょう。問題は、攻撃された方です。

「この作品を含めて、それがフィギュアというアートなのです」と胸を張って言う文化的矜持《きようじ》が官僚にも政治家にもないことが問題なのです。

イギリスやフランスは、自分の国の文化を国家をあげて売り込みます。僕は三〇歳の時、フランスの文化省からパリに招待されました。「一ヵ月間、とにかくフランスの芝居をできる限り見て欲しい」という趣旨です。往復の旅費と宿泊費・食費を用意され、芝居のチケットはすべてタダでした。「見てくれるだけでいい。レポートもなんの義務もない」という太っ腹なものです。どんな芝居でもあなたが見たいと思うものはチケットをただちに用意する、と僕は現地の担当者から言われました。

どんな芝居もです。フランスですから、三角関係もあれば不倫もあればヌードもあればグロテスクなものもありました。それは、全部含めてフランスの芝居でありフランスの文化なのです。もしこの時、「あ、その芝居はとてもどぎついので、フランスの税金を使ってチケットを用意するわけにはいかないんです」と担当者が言ったとしたら（そんなことは、地球が二つに割れても言わないでしょうが）、その瞬間、僕は「フランスの文化程度ってこんなもんなんだ」と見切ったでしょう。

アートは、人間の善も悪も美しさも醜さも純粋さもいかがわしさも脆《もろ》さもどぎつさも描くのです。描くからアートなのです。フィギュアがアートでないというのなら、芸能だって同じことです。光と影を描くことはアートと変わりません。

フランス人やイギリス人の政府役人には、アートや芸能に対する信念がちゃんとあるから、そんなことは言わないのです。

けれど、日本は「どぎついものがある」と言われたら、「では、削除します」と反応するのです。そこには信念がないのです。

こんなことをしていたら、ますます、政府が「クール・ジャパン」に参加することを嫌がる人が増えるでしょう。

そんなこと言っても、もし日本の「どぎついフィギュア」をネットから削除しないと国民がどう言うか分からない。政治家の水準はつまり、国民の水準なんだから、日本の政治家や官僚を責めてもしょうがない――そう言う人もいるでしょう。それはもちろん、真実です。

フランスで「日本から来た演出家に、どぎついフランスの芝居を見せたら、フランスの恥になるから税金を使っては見せない」と言うと、間違いなくフランス人は「それはジョークか？」と言うでしょう。

けれど、日本では「どぎついフィギュアを税金を使って応援したら、日本の恥だ」と言うと、事情の知らない日本人は「そうだよなあ」とうなづくでしょう。でも、それは、確固たる文化的信念で言っているのではないと思います。ただの常識的判断で、そうなづいているのです。否定されればムキになるでしょうが、そこには思想的な確信はないのです。

けれど、アートを創っている人には、信念があります。政治家や官僚は、どちらの側の考え方が将来的に育って欲しいと思っているかが大切なのです。アートとしての信念が日本の中でちゃんと定着して欲しいと思うなら、国民の単純な反応に気を配りながらも、この国の文化的水準を上げるという仕事をすべきです。政治家も官僚も、それが大切な使命なのです。

僕は二回、ロンドンで自分が書いた戯曲をイギリス人俳優を相手に演出して上演しました。二回とも、プロデューサーの人選に本当に困りました。

インドのテレビ枠の時に言ったように、一社で「場」を作ることは不可能に近いのです。僕の専門は演劇ですから、演劇の例で言いますが、日本には面白い演劇がたくさんあります。ちゃんと翻訳して、ちゃんと海外で上演できれば、日本の演劇もひとつのビジネスとして成立するだろうと思っています。

けれど、今はそれができていません。なぜなら、日本と現地をつなぐ有能なプロデューサーがいないからです。

「場」を作れるプロデューサーがいないのです。日本の演劇を知っていて、海外の現地の演劇を知っている。知っている、という意味は、ちゃんと日本と海外の演劇を見ていて、名作を見分ける能力と演劇制作者としての能力と人脈が日本と現地にある、ということです。

日本のこの作品は、現地で（例えばロンドンなら）、こういう売り込み方をしたらどの劇場が買ってくれそうで、翻訳者はこういう人が適任だ、というような戦略を立てられて、実践的なアドバイスと行動ができるプロデューサーがまったくいないのです。

なぜなら、そういうプロデューサーを育てるには、「日本演劇界」というものがまとまって出資しないと成立しないからです。僕だって、毎年、海外で上演の可能性を探れるわけではありません。数年に一回になります。そのためだけにプロデューサーにお金を払って育てることは不可能なのです。

といって「日本演劇界」がまとまって、そんな人を育てよう、とすることもじつは不可能なのです。どこがお金を出し、誰が世話をするか、という具体的なことを考えたら、すぐに、それはあまりに遠大な計画だと分かるのです。

そして、これは演劇界だけの話ではないのです。映画界、小説界、アニメ界、マンガ界、ダンス界……あらゆる分野で、客観的な立場に立って「場」を用意できる日本人（または日本を深く理解している）プロデューサーが、世界各国にいないのです。そんな立場に立っても生活できないのですから、存在するはずがないのです。

ここに、政府がやるべき「クール・ジャパン」の仕事があるのです。

それぞれの国で、それぞれの分野で確かな目を持ち、確かな現地の語学力を持ち、日本と現地の当該分野に詳しく、客観的な目を持つ、優秀な人材を育てること——そのためには、まず、資金がいるのです。そういう立場に立って生活ができるという保証がなければ優秀な人は来ないのです。

映画やマンガ、演劇、小説などの印税、つまりは著作権使用料は、二〇一二年の資料では、日本は五八〇〇億円超のマイナスです。つまり、海外からもらえる日本の著作権使用料より海外に払う著作権使用料がこれだけ多いのです。ハリウッド映画や韓流ドラマなど世界のコンテンツに払う金額とのアンバランスが生む赤字総額です。

そして、アメリカは二〇一一年の資料では、一二兆円の黒字です。ディズニーを筆頭に文化的著作権と特許でこれだけ稼いでいるのです。

じつは、日本の赤字幅は、年々拡大しています。この流れにストップをかけるためには、政府による「場」作りが欠かせないのです。

演劇に話を戻せば、欧米の劇場では「芸術監督」というシステムが主流です。劇場がどんな作品を創り、どんな劇団を招待し、どんな演目にするか、それを「芸術監督」が決めるのです。日本のように、「ただ貸し出すための劇場」は少ないのです。

そして、芸術監督のプランが成功すれば、その劇場の評価が上がります。「劇場に来るお客さんが増えた」という単純な結果だけでなく、「観客数は同じだが、芸術的な評価の高い作品が続いた」「地元の人が気軽に劇場に来てくれるようになった」というような面でも評価されます。「芸術監督」の任期は、最低で三年、二期やれば六年、というのが欧米の平均です。結果が出るまでにそれだけの時間が必要だと思われています。

ひとつひとつの作品に対しては、いろいろと言われるでしょう。けれど、大切なことは、芸術監督がその劇場をどんな劇場にしたいと思っているのか、という総合プランです。

それは、地域住民の声に単純に従っていたら見えてくるものではありません。逆に、観客の反応だけに従っていたら、迷走してしまうでしょう。芸術監督の信念が、それを決めるのです。

もちろん、芸術監督のプランが失敗すれば、観客は減り、駄作が続き、住民が来なくなり、さびれた劇場になります。芸術監督はクビです。文化を扱う仕事は、厳しく、だからこそ、やりがいがあるのです。

税金を使って、クール・ジャパンを先導したり、携わる人たちには、同じ厳しさが求められます。だからこそ、信念が大切であり、やりがいのある仕事なのです。

クール・ジャパンは長い時間軸で勝負する

そして、クール・ジャパンを海外で展開する時に、一番大切なことがあります。

それは、「早急に成果を求めない」ということです。

どんな商品でも、文化の壁を乗り越えていく時間が必要なのです。「消せるボールペン」のような爆発的ヒットは奇跡的な例外です。どんなに優れたものでも、受け入れられるには時間がかかります。一年や二年で結果が出る、なんて思ったら大変なことになります。

僕はこの本に細かく商品を書きました。具体的なクール・ジャパンを知らないと面白くないという理由と、もうひとつ、この本で紹介した商品だけを集めて『ｃｏｏｌ　ｊａｐａｎ』という店の名前で世界展開したら、案外、いけるんじゃないかと思っているのです。

あぶらとり紙とかニッカボッカとか折る刃式カッターナイフとか、とにかく「外国人がクールだと思った」という観点で集めたテーマショップを、世界の都市でオープンするのです。恐竜とか天文なんてワンテーマでさまざまな商品を扱う店があります。なので、『ｃｏｏｌ　ｊａｐａｎ』というテーマの店もいけるんじゃないかと思うのです。

それは、どこかの一企業がやることではなく、半官半民のプロジェクトが相応《ふさわ》しいような気がします。もちろん、世界に定着するまではそれなりの時間がかかると思います。

商品でさえ、文化の壁を越えるのに時間がかかります。まして、マンガやアニメ、映画、演劇など、文化を送り出そうとしたら数年以上のスパンで税金を使う必要が出てくると思います。

『キャプテン翼』をフランスで放映した時に、いったい日本人の誰が、やがてフランスを代表するサッカー選手が「僕は『キャプテン翼』を子供の頃に見て、サッカーが大好きになったんだ」と言うだろうと予想したでしょう。今では、日本人の多くは、それがジネディーヌ・ジダンだと知っています。

文化を育て、売り、ちゃんとした商売にするには、五年、一〇年、二〇年という時間が必要なのです。芸術監督は、だから五年前後がひとつの目安なのです。

そんな時間のかかるものに税金を使うのか、と野党議員に攻撃されたら、日本には、もっと最初に攻撃しなければいけない、「ムダだと分かった公共事業」「途中で凍結している公共事業」「予算を消化するためだけの公共事業」が山ほどあると答えましょう。一〇年、二〇年、ダラダラと続いている公共事業もざらにあります。それをちゃんと問題にした後、クール・ジャパンこそが長い目で見ないといけないものだと言うのです。

早急に結果が出ないことで放り出したり、結果が出ないことを隠したりしては、クール・ジャパンの未来は暗いだろうと思います。

そうすると、「政府はなにもしないでくれ」と、自分たちでなんとかしようとする人だけの世界になります。それでは、アメリカやヨーロッパ、そして韓国の「税金を使った『場』作り」に負けてしまうのです。

そして、予算だけはもう取っているので、クール・ジャパンとはまったく的外れなところに税金が投入されるのです。それは、本当に悲劇です。

最後に

『ｃｏｏｌ　ｊａｐａｎ』という番組に、「日本人として嬉しかった」「日本人として誇りを感じた」「日本人として生きる勇気をもらった」という感想を視聴者からもらうことがあります。

番組ですから、まして、ＮＨＫですから、視聴者の反応はとても大切です。大切ですが、僕は「日本人として誇りを持てた」という熱烈な感想には少し戸惑うのです。

番組では、なるべく辛口の外国人をメンバーに入れようとします。外国人も日本滞在が長くなってくると、日本が好きになる人が多く（それはとてもありがたいのですが）、だんだんと「クール」だけを言うようになるのです。番組もなにかを紹介した後、ナレーションで、「クールでしょ」と断定するのではなく「クールですか？」と問いかける形をなくさないようにしています。

なるべく、客観的に紹介したいと思っているのです。

「無気力肯定ビジネス」という言い方があります。「今のままでいい」「がんばらなくていいんだよ」「ありのままの自分を愛する」というようなタイトルの本と周辺の展開のことです。つまりは「あなたはあなたのままで素晴らしい」とささやくものすべてです。

この言葉は疲れた人の心に麻薬のように沁み込むでしょう。なにもしなくても素晴らしいということは、自分はそのままで最高だということです。こんなに感動的なことはありません。

じつは「日本人として誇りを持てた」という感覚は、この無気力肯定ビジネスに近いと僕は思っています。日本人であることだけで、無条件で素晴らしいのなら、自分はなにもしなくてもよくなります。それはなんと甘美な状態でしょうか。けれど、少し考えれば、それはおかしいことだと気づくはずです。

世界はどんどんギスギスと不寛容になっていると書きました。不安が増してくると、自分が日本人である、ということだけでなにか素晴らしい存在になったと思い込みたくなるものです。

マンガ家のしりあがり寿さんのツイッターに、「久しぶりにネットやテレビを存分に見てたら、何やら『日本はいい国』みたいなメッセージが多くて怖くなった。八〇年代のディスカバージャパンのキャンペーンを思いおこせば、あれは『日本を振り返る』みたいな余裕が感じられた。だけど今は『ニッポンにしがみつく』崖っぷちの感じ。ブルブル……」というのがあって、思わずヒザを叩きました。僕が言いたかったことは、こういうことなのです。

もちろん、僕だって「ストレート・パーマ」や「日本の職人」を知ると、日本人として誇らしくなります。日本人に生まれたことを喜びます。けれど、それと、日本人であるというだけで無条件に偉くなったと感じることは別だと、厳しく自分を戒めるのです。


それでは「クール・ジャパン」を知り、楽しむ意味はなんでしょうか。

それは、冒頭に書いたことの続きですが、結果的に自分をよく知ることになるということだと思います。

東洋と西洋、日本とアジア、さまざまなものがぶつかることで、いろんなことが見えてきます。

二つのことがぶつかると、意外なことを思いつきます。もう行き詰まったとか、もうダメだと思った時に、思わぬ方向から発想が浮かび、事態を打開できたことは誰にもあると思います。

そのきっかけをくれるものが、クール・ジャパンだと思うのです。クール・ジャパンを知り、楽しむことは、未知なる自分と未知なる世界を知り、楽しむことと同じだと思うのです。

NHK BS「cool japan」

最後に、番組プロデューサー堤和彦氏（ＮＨＫエンタープライズ）の書かれた、『ニッポンのここがスゴイ！　外国人が見たクールジャパン』（NHK出版より電子書籍版）と、『ＮＨＫ「ＣＯＯＬ　ＪＡＰＡＮ」かっこいいニッポン再発見』（NHK出版）の二冊を参考にさせていただきました。深く感謝します。

ＮＨＫプロデューサーの武中千里さんと、中川幸美プロデューサー率いるクリエイティブ　ネクサスの優秀なディレクター・スタッフたちに感謝します。

ずっと共に司会をしているリサ・ステッグマイヤーとご意見番の先生たちと番組を見てくださっている視聴者に深く感謝します。

番組『ｃｏｏｌ　ｊａｐａｎ』はまだまだ

続きます（二〇一五年三月現在、ＮＨＫ　ＢＳ１　日曜夕方六時放送。再放送ＮＨＫ　ＢＳ１　月曜夜九時）。

僕も日本と世界を飛び回って、まだまだ「クール・ジャパン」を探していこうと思っています。んじゃ。

鴻上尚史

二〇一五年三月吉日

N.D.C.360　236p　18cm
ISBN978-4-06-288309-2

講談社現代新書　2309

クール・ジャパン!?――外国人《がいこくじん》が見《み》たニッポン

二〇一五年四月二〇日第一刷発行　二〇一五年四月二八日第二刷発行

著　者　鴻《こう》上《かみ》尚《しょう》史《じ》　© Kokami Shoji 2015

発行者　鈴木　哲

発行所　株式会社講談社

東京都文京区音羽二丁目一二―二一　郵便番号一一二―八〇〇一

電　話　〇三―五三九五―三五二一　編集（現代新書）

〇三―五三九五―四四一五　販売

〇三―五三九五―三六一五　業務

装幀者　中島英樹

印刷所　大日本印刷株式会社

製本所　株式会社大進堂

定価はカバーに表示してあります　Printed in Japan

「講談社現代新書」の刊行にあたって

教養は万人が身をもって養い創造すべきものであって、一部の専門家の占有物として、ただ一方的に人々の手もとに配布され伝達されうるものではありません。

しかし、不幸にしてわが国の現状では、教養の重要な養いとなるべき書物は、ほとんど講壇からの天下りや単なる解説に終始し、知識技術を真剣に希求する青少年・学生・一般民衆の根本的な疑問や興味は、けっして十分に答えられ、解きほぐされ、手引きされることがありません。万人の内奥から発した真正の教養への芽ばえが、こうして放置され、むなしく滅びさる運命にゆだねられているのです。

このことは、中・高校だけで教育をおわる人々の成長をはばんでいるだけでなく、大学に進んだり、インテリと目されたりする人々の精神力の健康さえもむしばみ、わが国の文化の実質をまことに脆弱なものにしています。単なる博識以上の根強い思索力・判断力、および確かな技術にささえられた教養を必要とする日本の将来にとって、これは真剣に憂慮されなければならない事態であるといわなければなりません。

わたしたちの「講談社現代新書」は、この事態の克服を意図して計画されたものです。これによってわたしたちは、講壇からの天下りでもなく、単なる解説書でもない、もっぱら万人の魂に生ずる初発的かつ根本的な問題をとらえ、掘り起こし、手引きし、しかも最新の知識への展望を万人に確立させる書物を、新しく世の中に送り出したいと念願しています。

わたしたちは、創業以来民衆を対象とする啓蒙の仕事に専心してきた講談社にとって、これこそもっともふさわしい課題であり、伝統ある出版社としての義務でもあると考えているのです。

一九六四年四月　野間省一

哲学・思想Ⅱ

13 論語——貝塚茂樹
285 正しく考えるために 岩崎武雄
324 美について——今道友信
445 いかに生きるか——森有正
1007 日本の風景・西欧の景観——オギュスタン・ベルク 篠田勝英 訳
1123 はじめてのインド哲学 立川武蔵
1150 「欲望」と資本主義——佐伯啓思
1163 「孫子」を読む——浅野裕一
1247 メタファー思考——瀬戸賢一
1248 20世紀言語学入門—加賀野井秀一
1278 ラカンの精神分析——新宮一成
1358 「教養」とは何か——阿部謹也
1436 古事記と日本書紀 神野志隆光
1439 〈意識〉とは何だろうか—下條信輔
1542 自由はどこまで可能か 森村進
1544 倫理という力——前田英樹
1560 神道の逆襲——菅野覚明
1741 武士道の逆襲——菅野覚明
1749 自由とは何か——佐伯啓思
1763 ソシュールと言語学—町田健
1801 性愛奥義——植島啓司
1849 系統樹思考の世界—三中信宏
1867 現代建築に関する16章—五十嵐太郎
1875 日本を甦らせる政治思想—菊池理夫
2009 ニッポンの思想——佐々木敦
2014 分類思考の世界——三中信宏
2093 ウェブ×ソーシャル×アメリカ 池田純一
2114 いつだって大変な時代—堀井憲一郎
2134 いまを生きるための思想キーワード—仲正昌樹
2155 独立国家のつくりかた 坂口恭平
2164 武器としての社会類型論 加藤隆
2167 新しい左翼入門——松尾匡
2168 社会を変えるには—小熊英二
2172 私とは何か——平野啓一郎
2177 わかりあえないことから 平田オリザ
2179 アメリカを動かす思想 小川仁志